All Voices from the Island

島嶼湧現的聲音

目次

【前言】

臺灣的亡國之感，是世界從舊中國思維脫困的第一站

⊙失敗者聯盟

在臺灣，廣泛流傳的概念或思想，多半是舶來品。這未必是臺灣人崇洋，或不具思考力，而是臺灣欠缺走在世界前面的社會田野。沒抵達後工業狀態的社會，不可能在後工業理論領先；沒有人工智慧科技根基的國家，很難扮演ＡＩ社會效應探索的領頭羊。

中國近一、二十年經濟快速崛起，加上習近平對外擴張的企圖心，遠勝過往的中共領導人，與中國近鄰又關係特殊的臺灣，在軍事、政治、經濟與文化各面向，都面臨了空前的壓力。在二〇一九年之前，從臺商與影視藝人被迫承認一個中國，媒體的紅色滲透，到中國網軍攻擊與介入臺灣選舉，我們都很輕易認為，這是臺灣人特有的處境與經驗，我們需要的只是國際社會的支持。

二〇一九年十月，美國NBA火箭隊總教練莫雷（Daryl Morey），在個人推特發表支持香港爭民主的言論，引發中國網民的群起反彈，繼而出現了中國央視停播NBA熱身賽，廠商撤銷火箭隊廣告贊助，Nike在中國的專賣店主動下架火箭隊商品，以及美國國內「言論自由vs中國市場」孰輕孰重的諸多論戰。這種情境，美國人也並不孤單，歐美一長串的企業，都接連面對類似的中國壓迫。這一切看在臺灣人眼中，是如此熟悉，甚至已是臺灣人生活日常的一部分。

因為中國因素，有了亡國的感覺。因為還說不清楚，講不明白，既不是亡國「論」，也不是亡國「主義」，而是國之將亡的感覺。這種感覺也不孤單，美國副總統彭斯在美國智庫威爾遜中心的演說便提及，為了中國市場向中國磕頭，是美國立國價值的淪亡。只是美國人的亡國之感，來得比我們晚了許多。

這次我們無法乞靈西方先進國家，我們自己就站在中國因素改變世界的最前緣。感覺要爬梳、析辨與去蕪存菁，才能轉化為思想與主張，有思想與主張，才能採取行動，改變自身的命運。亡國感的逆襲，是個嘗試。

雪總是在夜到了最黑最黑的時候才怒然狂下，閃爍如亂刀，砍進寂寂大地裡，準備著明年春天的涓滴。亡國感如緩刑，理應提醒我們越獄的可能性。

——廖偉棠

張娟芬

亡國感的逆襲

「亡國感」，目前為止我們對它所知不多。它起於PTT，如果去查Google Trend，會發現「亡國感」首次在搜索引擎裡占有一席之地，是二〇一九年三月二十四日到三十一日這一週。三月二十四日發生的大事，是高雄市長韓國瑜進中聯辦。這個人在一片紅色疑慮之中贏得選舉，當選之夜即高調宣布支持九二共識。九二共識是什麼呢？二〇一九年一月二日之後，已無疑義：中國領導人習近平的講話，將九二共識與一國兩制緊緊縫合，要把臺灣統一在中華人民共和國之下。韓國瑜上任未及三月，立即出訪香港，這個一國兩制的示範地；並且走進了中聯辦，「中央人民政府駐香港特別行政區聯絡辦公室」，就是中華人民共和國在香港的一國兩制指揮中心。他事前沒有向陸委會報備，事後拒絕透露與中聯辦的聯繫經過與會商內容。就在這一串新聞事件裡，「亡國感」出現了。

流行語大抵如此：一聽就懂，心領神會，拿來就用；很快的，大家都琅琅上口了。在這個喜歡玩弄同音異字、以訛傳訛的大遊戲年代，「亡國感」又異變為更加俏皮的「芒果乾」。這樣的「亡國感」當然不可能有什麼定於一尊的標準定義，而反映了一種集體情緒。

潛規則：我們要看對岸的臉色

二〇一九年初當我決定開設「臺灣前途與中國因素」這門課時，驅動的力量也來自一種當時還無以名之的焦慮。這原不是我的守備範圍，但我感覺到我們視為理所當然的民主生活，已經面臨毀壞的危機。對政治略有參與的公民應當早已習慣，民主經常是警鈴大作的。可是，中國的攻勢從「九二共識」到「一國兩制」，已經又逼近了一步，半島電視臺臥底採訪所揭露的中國滲透手法與深入程度，更是觸目驚心。我不禁自問，這是不是臺灣民主的最後一個警訊？

第一堂課，我放導演鄭有傑二〇一一年的

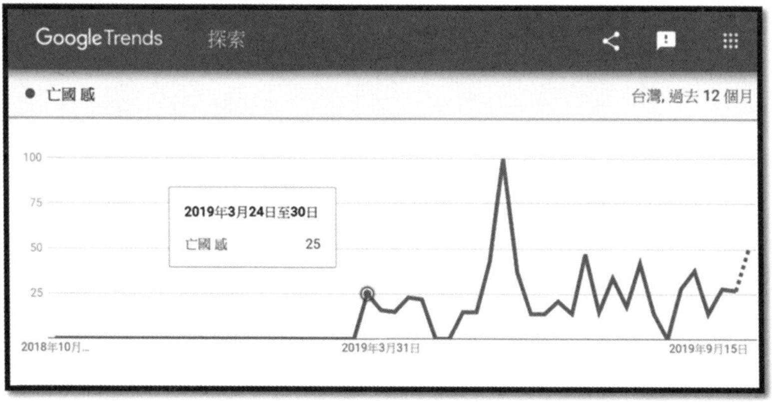

亡國感首次在搜尋引擎占有一席之地，是二〇一九年三月二十四日到三十一日這一週。

短片《潛規則》。一組人準備拍電影，外景選在一個學校操場的司令臺。但是導演看起來又愁又怒，原來司令臺的背景是好大一面國旗。美術說，「我避不掉。」導演說，「到時候片子賣不進去怎麼辦？」最後，最資淺的工作人員拿來鐵撬，大家合力將那塊國旗背板撬下，在國旗歌聲中，工作人員歡喜大喊：「要——倒——了——！」

當那個國家象徵轟然倒下，只見導演兩眼發直，面部肌肉不自主抽搐，好像快要中風。背板後的牆面久未經日照，顯得有點蒼白。那裡畫著一面巨幅秋海棠，上面寫著「三民主義統一中國」。

我問：「『潛規則』到底是什麼？明白地用語言把它說出來。」毫不扭捏的，第一個答案就直指核心：「我們要看對岸臉色。」

對。就這麼簡單。

「潛規則是誰訂的？」

這個問題的答案就比較糊了，有人說是自願的，有人說是歷史與市場造成的，有人說也可以不要遵守啊。其實這注定是一個模糊的回答，因為根本就沒人知道誰制訂的。

我再問：「潛規則與法律或政策有何不同？」

「法律的話，感覺遵守法律跟制訂法律的人仍然是平等的。可是潛規則感覺是下對上的，要一直去猜測那個規則，想要討好在上位的人。」一個學生說，法律非遵守不可，潛規則卻有選擇的空間。另一個說：法律寫在那裡，可以去鑽它的漏洞，但是潛規則卻逃不開，因為不知道究竟是什麼。第三個人自動出面整合了雙方的論點：「法律之所以能鑽漏洞，是因為它很明確地寫在那裡，邊界很清楚，所以知道從哪裡鑽過去。潛規則逃不開，是因為它很模糊，也沒人把它講清楚，所以就算一個人選擇要服從潛規則，也可能逃不開。」我說：「對啊，就像小熊維尼，他本來是個卡通人物，結果不知道什麼時候開始，他變敏感了。」

如此討論一輪，潛規則漸漸現形：它不經民主程序、冤無頭債無主，因此無法修正、無法討價還價，卻有著貨真價實的影響力。短片裡說得很明白，不避掉國旗的話，電影就進不了中國市場。電影這麼燒錢的產業，要不顧慮市場，實在挺難的。拍了背景有國旗的戲並不會被抓去關，但是會血本無歸，這使他們決定趨吉避凶，遵守潛規則。

這部短片，距今八年。那時候，「不能出現國旗」還是低調、委婉、檯面下的原則，業界人士知道，但心照不宣。近年的潛規則已經不再低調了，要周子瑜、戴立忍公開道歉，都是刻意張揚的霸凌，目的是殺一儆百，唯恐你不知道！潛規則就是對於中華民國的各種政治象徵全面獵殺，是中國對臺灣的政治審查。

如果你參與某個活動，被警察抓走，然後從高處墜落，或者從海裡浮起，但一律以「無他殺嫌疑」迅速結案；我們知道這是政治。這裡面有國家動用的公權力，有壓迫者、有受害者。潛規則看起來卻不是這樣，它看起像「個人選擇」、「市場機制」、「你自己願意的」；「不爽不要做啊，不爽不要來啊！」潛規則用的是經濟手段，國家公權力僅隱身其後，讓事情看起來不是「壓迫者欺負受害者」，而是「一個願打一個願挨」；也就是用經濟手段來掩護其政治本質。

《潛規則》為「中國因素」下了一個很好的注腳。所謂「中國因素」就是：臺灣的許多事情，是被中國「決定」的。其「決定」的方式，不一定是用政治影響，也可能是用經濟。

但是，為什麼？臺灣的事情，不是應該用民主的方式決定嗎？

「亡國感」這個集體情緒，它的核心就是這一句提問。臺灣的事情，為什麼不是用民主的方式決定？為什麼是由一個我們從未授權也無法影響的政權來決定？那民主算什麼？我們算什麼？

什麼是我們不可或缺的民主食材

我在「臺灣前途與中國因素」的課堂用了一款簡易遊戲「Democracy Cake」，由挪威的人權組織 RAFTO（Rafto Foundation for Human Rights）設計研發、中原大學徐偉群教授引進，他很有創意地將這遊戲譯為「民主雞蛋糕」。每一組發一個蛋糕盤，然後提供二十幾種民主的「食材」，例如「言論自由」、「資訊公開透明」、「多元媒體」、「司法機關」、「立法機關」、「自由公平的選舉」、「公民投票」、「反歧視的法律」、「社會福利」、「正當程序」、「宗教與信仰自由」、「隱私權」等等。學生的任務就是用這些東西來建立自己的「民主雞蛋糕」。

一桌子食材，看起來都像好東西，但是蛋糕盤只放得下六片蛋糕。協商與爭辯自不可少，但他們考慮的因素是什麼？一位學生寫道：「在選擇良心食材時不論哪一項都非常難以取捨，突然有個念頭覺得我們過得其實很幸福，這些食材其實圍繞著我們四周，或許臺灣民主仍然有其進步、改善空間，但大抵來說我們過得很自由，自由到這些食材像是理所當然就該存在的，像是天賦的，捨棄哪一塊都怪彆扭的。」

另一位學生說：「這些良心食材，每一個現在看起來都好簡單，在我們的生活中其實就像呼吸一般自然；可是真要選六個來堅守，又尤其一想到我們很有可能將在之後失去這些權利，就更要選得戰戰兢兢。」

真的戰戰兢兢，我看著他們把一片片蛋糕放上盤子，又拿下來。「每一個食材在被丟棄的同時，總是會有人提出在臺灣過往經驗中遇到缺乏此食材的恐怖情況，最後食材又會被順利救回。其實我很慶幸大家對於臺灣歷史的認識較深，讓討論變得更加有意義，但也覺得很困擾，因為這樣每個食材都變得非常重要，就無法選出最重要的六個食材。」綜合討論時，有一組幽幽地說：「我們想要做一個三層的蛋糕！」

這是在桌遊與手遊中長大的世代，在高解析度影像中長大的世代。一款珍珠板貼上彩色紙的陽春遊戲，卻讓他們認真到產生選擇障礙，因為他們已經意識到，這些東西「之後可能會失去」。

可以想見，「立法機關」、「司法機關」、「言論自由」、「自由與公平的選舉」等等，是很受歡迎的食材。但有一組出人意表地選了「社會福利」。據說那是蛋糕盤上的最後一個空位，一位組員唸出「社會福利」卡片背面的定義：「政府應促成全面的支持系統，以確保人民能擁有健康、接受教育、經濟穩定」，真誠地看著大家說：「我覺得這就是民主制度的初衷。我認為有社會福利，才會成為一個有愛的國家。」那想必是莊嚴的一刻，全組的人都感動了。一位組員寫道：「原本還在爭論效益或結構的組員都同時安靜下來，神情從冷靜理性轉為溫柔，最後大家一致通過，將社福列入食材。」另一位組員瀟灑地總結：「社會福利是討論後決定釋出的立場，即便在層級上是較後期的目標。但理想是不必害羞的。」

建立民主雞蛋糕只是第一階段。遊戲卡裡也有幾十個對民主的攻擊，我稱為「黑心食材」，例如「政府監控」、「言論審查」、「選舉詐欺」、「歧視」等等。第二階段的玩法是請同學運用他的民主雞蛋糕裡的六個成分，來抵擋這些「黑心食材」。這個民主遊戲來自北歐，難免有隔靴搔癢之處，因此我根據臺灣處境的特殊性，另外加了三個臺灣版的「黑心食材」：「以商逼政」、「資訊戰」與「非官方談判締約」。太過切身了，同學說看到這三項，「腦袋抽痛了一下」。

面對攻擊，無力與挫折全部都跑出來了。「訊息戰、以商逼政、非官方締約一出現，瞬間就擊潰我們所有的良心食材，除了立法和司法，我們別無他法，而且還遠不及打壓這些早已滲透到民間的黑心食材，玩到最後大家都想放棄民主了。有一組說『用所有的黑心食材都可以對付這些東西』，我覺得好衝擊，確實這些大家這麼用力抵抗的不民主的『惡勢力』不斷逼近，為什麼我們還要堅守民主？常常自己在思考的時候也會這麼質疑。」

「我們拿著良心食材想要拼湊出防禦姿態，但卻發現這該怎麼擋？怎麼擋都有漏洞……我們拿著良心食材去對抗這些邪惡，突然感覺像是天安門事件那最令大家印象深刻的一幕：『肉身抵擋坦克』。」

有一位同學想起了我在課堂上放的紀錄片，李惠仁導演的《蘋果的滋味》。「記得那時看完中嘉併購案的片段後感受到的是一股很重的無力感，即便我們獲得了資訊卻無能為力，在面對這三個中國因素的問題時我也感受到了一樣的無力。我開始回想紀錄片裡的中嘉併購案，當時有一群人發起了抗爭活動，雖然並沒有受到大媒體的關注，但那股力量是由人民的憤怒而起的，而那也正是我們最能夠直接參與的，也就是集會自由。」

「把所有良心食材一併加進來之後，好像還是遠不及抵禦黑心食材的進攻，真的令人非常絕望。可是，其實上這堂課的同學都是盟友吧？自己想不出辦法，那就大家一起想，總會有辦法……雖然亡國感並沒有減少一絲，但是對於自己所捍衛的價值有了更深的認識，我知道我想說話、想當好國好民、想在政府底下擁有人權，所以即使我堅信的民主力量遠小於獨裁，我們還是得團結一致對抗。」

向內擠壓的委屈中蓄積著向外爆發的能量

這是我對於「亡國感」的體察。在他們臉上，我讀到對民主的珍惜：每一塊「蛋糕」都不想放棄，因為認識到每一塊都重要。我讀到對於民主的深刻思考：我請他們說說各組的雞蛋糕成分有何異同，其中一組解釋，他們沒有選「社會福利」、「隱私權」、「受教權」，因為「我們盼望良善的立法、司法體制，和言論自由能帶給公民的民主素養，自然會發展出這些項目」。在有限的蛋糕盤裡，他們沒有選擇某一些，是因為那些可以從更為基本的元素推導而得；這些食材在他們眼中不是獨立存在的原料而已，他們已經想到了彼此之間的連動關係。他們對民主的認識，不只是知道氯是什麼、鈉是什麼，而且知道氯加上鈉會變成一種讓食物好吃的調味料，如果將氫、氧和鈉加在一起，則可以用來做肥皂或通水管。

我也讀到擔憂、挫折、無力、絕望……與不甘願。還不願意投降或放棄的那種不甘願。這些情緒看似矛盾：擔憂、挫折、無力、絕望都是坐以待斃，不甘願卻是起身反抗。但如同前述兩段引文所示，這相反方向的兩種情緒，可以共存於同一個人的同一段表述。「亡國感」似乎不是一個單一向度的感受，它不僅是字面上看起來的被動、放棄、不作為而已；在向內擠壓的委屈之中，向外爆發的憤怒在蓄積。作用力產生反作用力，「亡國感」的內裡，有一個想要「逆襲」的驅力。

亡國感真正悼亡的對象為何

值得追問的是，「亡國感」的悼亡對象為何？有人說，醒醒吧，你沒有國家，哪來亡國感？這是所謂臺獨。有人說，容納我們民主生活的，是中華民國臺灣，不管它叫什麼名字，它就是我的國家。這是所謂華獨。「亡國感」是哪一種？

在同學的作業裡，「國」的問題鮮少被提起。兩千年左右出生的這一世代，成長於全球化的年代，國界已不似先前那樣銅牆鐵壁，他們對國族的情感與看法，恐怕很難用黑白分明的「非此即彼」來劃分。有的人幼年在中國長大，因為父母是臺商，中國和臺灣都是他的故鄉。有的人曾經在中國就學，有的人固定往返中國，因為父母之一是中國人。有的人擁有臺灣以外的其他國籍。有的人是新移民之子。有的人認真在評估，畢業後要不要去中國找工作。一位同學表達得很好：「對這個時代的年輕人來說，『國』是一個太難解的概念。臺灣史獨立成冊了，但我們的國名裡沒有這兩個字。」他們拒絕中國因素，並不是因為對中國有敵意，也不是因為對中國欠缺瞭解，而是因為臺灣有民主，中國沒有，他們從自己的經驗知道，臺灣的生活才是有尊嚴的人的生活。

國族主義最需警戒的，不外乎兩點，其一是身分的排他性，其二是它經常召喚個體為國家犧牲。「亡國感」雖然有這個「國」字，卻很難被界定為一種國族主義的情感動員，因為「亡國感」的話題總是環繞著「民主」這個概念，而非「國族」；有亡國感的人總說著民主機制的毀壞，以及如何可以重建、強化。他們並不想像一個圍牆高聳的國族共同體，要入會得經過嚴格的血統審查——他們自己原不是血統純正的人。民主的原則是盡可能讓大家都享有公民權利（inclusive citizenship），而非排除他人；民主的政府採取三權分立，從人民的立場來避免國家侵犯基本人權。「亡國感」是朝向民主前去的，而國族主義（的最糟形式），在它的反方向。

有解嚴前生活經驗的人，應該都還記得那種「亡國感」：「今日不做自由的鬥士，明日就成海上的難民」、「生於憂患死於安樂」、「退一步即無死所」；那些國慶閱兵、晚會、排字、大會操、軍歌比賽，講究「數大便是美」、「整齊畫一」、「一個口令一個動作」，那些「萬眾一心」、「我愛中華」一遍又一遍的呼喊……是的，那些活動就是國族主義（的最糟形式），要你犧牲小我完成大我，要你為自己做為一個小螺絲釘而感動，要你團結，要你愛國，要你支持政府。那種亡國感絕對不容許你談多黨政治、民主制衡、基本人權；甚至你只是要求國會全面改選，他都說這樣會亡國。是的，那種亡國感就是賣弄國族主義的威權統治手法。

今日的「亡國感」是那種手法的反方向。君不見，「亡國感很重」的年輕人總是好想突破同溫層，好想跟長輩溝通，為了自己在乎的議題狂寫臉書，去捷運站之類的熱鬧地方當小蜜蜂，收集連署，製作短片丟上網，用無窮無盡的公民參與去實踐民主。

「亡國感」的「悼亡」對象，不是任何一國，而是民主。「亡國感」只是一個現成的詞語，方便溝通。他總不能說：「啊，我最近『亡民主感』好重！」這樣誰聽得懂？說「亡國感」，雖不精確，卻一聽就懂。遂成流行。

「亡國感」甚至不是一種悼亡。不是一種現在式或者過去式的哀嘆：「我們已經亡國了，好慘啊！」而是未來式，一種警世明言：「再這樣下去我們的民主會完蛋的！所以我們現在——」。「亡國感」不是句點，而是起手勢，重點總在於，為了不要讓現在還享有的可愛的自由消失，我們現在趕快來做點什麼？

這是藝術大學裡的一堂通識課，學生的主修是電影、戲劇、動畫、美術、音樂、傳統音樂、劇場設計、新媒體藝術，他們本來不是對政治特別有興趣的人。但是，對民主的珍惜與體會，在這個歷史時刻變得巨大而急切，因為他們感到，「以後可能會失去」。所謂「這個歷史時刻」，就是中國積極向外輸出專制影響力的這一段時間，就是中國因素滲入臺灣骨髓的時刻。

有人擔心，亡國感是政治操作，或者將在總統大選中成為政治操作的議題。其實民意政治的基本原理極為簡單，就是民眾把自己擔心的事情大聲說出來，而候選人想辦法說服民眾：我可以解決這個問題，你投給我別擔心。亡國感是真實的集體情緒，源自民主於近年因中國因素持續惡化的事實；這件事情在選舉中成為影響因素之一，本是民意政治的正常狀態。所有重要議題，都應該是選舉的影響因素啊。誰積極反對九二共識、反對一國兩制、反對和平協議，誰就會獲得「亡國感」一族的青睞。背離民心者在選舉中落敗，本是選舉制度的設計初心。

「有錢就有自由」，只有在民主國家才會是天理

課堂上也有另一種意見，是不打算捍衛民主的。有一位同學寫道：「我認為臺灣的兩黨惡鬥，不太會像是民主的再進步，而是在濫用，那要民主有什麼用？我個人會覺得專制體制會更讓我們的經濟往上升起，讓我們的國家成為世界強國，那我在想的是保持著民主有什麼用呢？我個人會覺得有了麵包才能夠談這些之後的生活限制，那你有錢了不喜歡極權專制，那移民就好了啊！何必因為為了保持民主，而讓我們全國人民都快餓死，那維持民主功效在哪？」

他的意思是先拚經濟，有錢了就有自由，因為有錢就可以移民，可以任意選擇要當哪一國人。這推論裡有幾個關乎事實的環節，值得拆解檢視。其一是他認為只有專制才能拚經濟，民主不能；其二是他認為臺灣的經濟現況是大家都快要餓死；其三是他認為專制並不危及人民移民的自由。這也就是常見的「民主不能當飯吃」的說法。他很禮貌地寫說希望聽聽老師的看法，所以我在課堂上仔細提出事實的說明，不過，那堂課他並沒有出席，此後也沒有再見到他。

這位同學理所當然地覺得「有錢了就有自由」，好像那是天理。那恰好是因為他在民主的制度裡長大，習慣了這種民主框架裡的資本邏輯。在專制國家，那才不是天理。專制國家的人都知道，自由是國家的恩賜特許，而不是權利。他可能不知道，他恰好選擇了一個他最不能接受的制度。小魚也覺得用鰓呼吸是天理，你既是一條小魚，為什麼要跳上岸來呢？

世界原不存在一個寫定的未來

以上是我從「臺灣前途與中國因素」的課堂上，捕捉到的「亡國感」的面貌：在中國因素影響下，因為感受到可能會失去民主自由，而產生的一種既無力又亟欲奮力一搏的集體情緒；「亡國感」本身就蘊含了「逆襲」的能量。

這門課到六月時接近尾聲，那卻是香港抗議「逃犯條例」的開端。我清楚記得當時，各界一致認為「逃犯條例」一定會過，包括上街抗爭的人。大家平心靜氣地「知道」香港立法會的生態就是那樣，平心靜氣地「知道」不可能贏；香港人上街只是寧鳴而死，不默而生。我們課程結束放暑假了，香港人卻在街頭上一天一天地創造奇蹟，那麼多的人從各處冒出來，終於擋下了不可能擋下的，令歷史為他們轉彎。如鍾耀華所寫：「歷史從來都是在創造不確定性，稍稍挪移其彈道。香港的反抗走到此刻，中共未贏我們未輸，是大家的努力。」

人們六月的時候不能預測香港，現在又何能以失敗主義論定臺灣？世界原不存在一個已經寫定了的未來。臺灣的前途仍然在於，珍惜民主的人們能夠發揮多少能量，對中國因素的作用力展開逆襲。民主自由是臺灣的理想，我們的百年追求；而理想，是不必害羞的。

張娟芬

參與社會運動多年，關心性別、司法、人權等議題，著有《姊妹戲牆》、《愛的自由式》、《無彩青春》、《走進泥巴國》、《殺戮的艱難》、《十三姨ＫＴＶ殺人事件》等書。德國漢堡大學犯罪學博士。

【訪談】吳介民

統一是幻術，兼併才是真威脅

——從地緣政治與地緣經濟思考中國因素

二〇一九年中研院社會所吳介民教授出版《尋租中國》，探討中國的轉型經濟何以傳統尋租理論無法解釋，也就是地方官商的尋租行為並沒有導致經濟停滯（尋租指非生產性的尋利活動，也有學者會稱中國官商為交易型貪腐，與傳統貪腐概念不同），反而與經濟成長並存？對中國自一九七八年改革開放起，從八〇年代到二十一世紀初的崛起故事，吳介民給予具歷史性與地緣政治經濟格局的詮釋。在他的解析中，我們看到中國與東歐國家轉型的不同，也看到中國與東亞發展型國家的差異。這個格局也同樣用在他對臺灣與兩岸的思考。

「我們對中國的看法不能只看臺灣跟中國，那就是以管窺豹，以井窺天，我們跟中國關係的變動是跟著全球在變動的，」吳介民說，「當初美國為什麼會跟中國建交，把國民黨中華民國踢走，這也是一個全球性的變動，是美國為了聯合中國對抗蘇聯。」他進一步問，所以「亡國感」指的是中華民國被踢出聯合國，還是美國跟中華民國斷交，如果說中華民國在國際上被亡了，那時候就亡了。所以現在說「亡國」到底是亡哪個「國」？從嚴格的國際法來看，臺灣是一個主權未定的地方，但是如果把「國」看成一個 social system（社會體系）或是生命共同體、政治共同體，我們一直都在，這不能否認。但這個系統有可能被摧毀；就像香港，英國殖民時代留下的自由跟法治有可能被摧毀一樣。

所以亡國感，不是只要拚一拚選舉，拚過就好了。吳介民說，「我覺得這次危機會比二〇一四年的太陽花運動更深。太陽花的時候，會以為擋住服貿就擋住了中國因素。」吳介民當時很快提出警告，面對中國不是一場運動、選舉就可以解決的事。他認為臺灣問題不再（只）是統獨，「臺灣是面對一個、認為它是宗主國的國家——中國政府。所以真正的用語是 annexation，就是『兼併』，這是真正的法律跟政治用語，就像納粹德國兼併奧地利一樣，奧地利在『半強迫、半自願』的情況下與德國合併。我們要面對中國想做為宗主國來兼併臺灣的帝國欲望，它會一直在那邊，我們會一直被壓迫。統一並非真正的選項。所謂統一，等於『被統一』，就是被併吞。」

走向民主鞏固還是魁儡政府

臺灣應該怎麼辦？雖然不是選舉就能一次性解決，但吳介民說，從最現實的政治後果，不能選出一個親中的政治領導人，或者一個親中的國會。「如果臺灣跟中國簽了和平協議，從美國角度看，等於在中國跟美國對抗的前線第一島鏈開了個缺口，是在幫中國解圍。一旦它控制了臺灣未來的政治發展方向，是解決兩件事：一、最終「統一」臺灣，二、亞太戰線開了缺口。美國一直賣武器給臺灣，就是為了加強臺灣國防，如果這些武器落入中國手裡，那還打什麼呢？」中國跟美國兩個帝國在東亞的引爆點，有南海、香港、臺灣、朝鮮，還有日本。日本也很緊張，如果臺灣落入中國手裡，第一個最緊張的是日本。

為什麼一中協議的政治後果這麼嚴重？香港從一九八〇年代至今的發展是最好的借鏡。吳介民分析，在中國的戰略規畫，香港從英國移交後設計的一國兩制，是因為香港是獨立關稅區，對中國而言是屬於境外（off-shore）經濟的概念。香港是中國內地的境外，是中國輸出資金最重要的轉運站，同時也是外資FDI進入中國的轉運站。他提到約翰霍普金斯大學孔誥烽教授在七月寫的文章，孔誥烽指出香港的價值正在於是中國的離岸經濟體，一九九二年美國通過《美國—香港政策法》（United States–Hong Kong Policy Act），是以確保香港在九七之後保有高度自治為獨立關稅區的前提。吳介民說，「在政治上就是境內，在經濟上就是境外，這種境內境外的靈活運用就是香港對中國最有價值的地方。」但「一九八四年簽了中英協議，到現在三十五年，把香港吃得更緊了」。只要和平協議一簽下去，臺灣就變成一九八〇年代的香港，因此「在最高層的政治，不能讓臺灣政權落入中國變成魁儡政治，像林鄭港府就是。一旦如此，我們就失去我們的自主性了」。

吳介民說，臺灣是經過三次政黨輪替的民主國家，從比較政治的學理來看，臺灣的民主算很鞏固了。民主化過程的三十年，跟全世界相比，臺灣付出流血抗爭的程度是相對輕微的。如果臺灣沒有中國因素的話，我們其實是相對和平穩定的。但如果我們選出親中的領導人，原來已鞏固的選舉民主體制，一旦變成魁儡政權，選舉民主就會面臨很大的考驗了。

迷思一：不能與中國脫鉤？臺商從親中到脫中

面對中國以商業模式進行統戰，且高度滲透到食衣住行日常生活中，讓人不自覺、感覺無害，甚至覺得是好的，總有些論調認為臺灣跟中國經濟有強大連帶，不能脫鉤，吳介民認為要從地緣戰略看清事實，「過去三十年臺灣經濟是高速且高密度的親中化，不是臺灣人自己要過去，是被品牌押著過去的（如「台鑫」在國際客戶耐吉的催促下，一九八〇年代末期開始在廣東設廠），是一個全球產業鏈的重組過程。」這又跟當時美中戰略的和解有關，美國對中國開放市場，但現在中國強大了，它想要當老大，手段非常急切，也讓西方警戒，它急切之後就開始不擇手段，產生愈來愈多矛盾。吳介民分析，伴隨著地緣戰略改變的同時，全球商品鏈、價值鏈開始快速移動，ICT組裝產業急速從中國撤退。他說，「傳統產業十年前早就落跑，因為工錢就是不行了，以前是靠中國勞動力便宜、廠房便宜，現在跑了關了死了（指工廠死掉）都有，這一波就是ICT組裝產業的逃亡。所以牽涉到三角加工貿易這塊，臺灣經濟正在快速地脫中化。」

吳介民強調，事實上臺灣對中國的經貿依賴度高是陳水扁時代開始的，國民黨說他鎖國、去中國化，根本沒有，今天ICT逃離中國，臺商趕著到越南、印尼、墨西哥，也不是蔡英文叫他們去的。從政治經濟的角度，生意人前進或離開中國，這要看趨勢。所以「臺灣跟中國經濟脫鉤就很慘」的論調，他認為是錯的，是紅統跟國民黨的說法。但他也認為，持平地說，過去三十年臺灣經濟親中化，正負面因素都有，正面是讓臺灣的中小企業在中國獲得第二春的機會。他稱之為「迷你全球化」。

雖然這些中小企業是把原來模式搬到中國，不一定有產業升級，但拜人力密集之賜，規模放大十倍百倍，就是一種管理上的升級。吳介民說，「中國成為資本主義新的

frontier（領域），其實也救了一群臺灣中小企業的老闆跟幹部，讓他們在中國規模做很大，學習了一種迷你全球化的技術。我把它稱為迷你全球化，因為不是真正如西方大型跨國企業全球化的經營。」這種半中國化半全球化的經營模式，指的就是臺灣連結香港、中國，將財務操作連結到維京群島、加勒比海這些避稅天堂的企業。

最近這些資金回來也跟地緣經濟有關，尤其是中美貿易戰開始後，伺服器、網通設備、自行車、汽車零組件、車用電子都回流臺灣。吳介民直指，「過去中小企業的老闆跟臺幹在中國賺了不少錢，有拿回來嗎？很多錢沒拿回來。臺灣人在全球的資產是非常豐富的，光投資海外基金就超過一年的一個GDP這麼巨大，現在全球要重新有一個會計準則，全世界的政府都在追稅，所以逃稅很難，資金才會回來，因為不能藏錢，所以才會回來投資，也才會有政府減稅這件事情。」吳介民說，產業是不得不跟著全球局勢移動的，唯有從這樣的角度思考，才能擺脫從臺灣人、中國人、統獨去想問題。

迷思二：臺灣經濟進入衰退模式？還是差一步邁向核心國家？

認清客觀事實與現實，才能避免過度樂觀或悲觀看待臺灣經濟。吳介民就不同意臺灣進入衰退模式，認為臺灣鬼混二十年之說是胡說八道。「整體來說臺灣經濟並沒有那麼糟。臺灣現在大概是中上發展程度國家，」按照提出世界體系理論的華勒斯坦的分類方式，韓國、臺灣、馬來西亞，拉丁美洲的巴西，智利，墨西哥都是典型的半邊陲國家，這一波半邊陲國家的經濟都是二戰後興起的。「最跟核心國家靠近的，就是韓國跟臺灣。二〇一九年經濟成長率，臺灣是四小龍最好的，香港接近零、韓國徘徊在一%，臺灣是二．四%，以所得分配來說，臺灣吉尼係數〇．三四，也比韓國好。」吳介民說明，一個經濟體如果已經開始成為已發展國家，成長率就不可能超過四、五以上，因為它的基數已經很大了，到一個程度就會慢慢降下來。如果有個漸進線，臺韓是已經靠近核心國家，但臺韓有各自的問題，大都是全球普遍的問題：青年失業，薪水低，日本也一樣，派遣比例高得不得了，完全不是我們以前認識的日本了。

「臺灣不是小國，我們自認小國，是因為旁邊的中國量體巨大，它的經濟總量照購買力平價（PPP）計算占世界總量的一九%，比美國大。」吳介民強調，臺灣的總體經濟面，過去這二十多年，慢慢從中等收入變成高所得國家，速度是慢下來的，這是非常正常的。除非我們能突破西方的成長模式經驗，在評估一國的經濟實力，要看PPP指數，二〇一八年臺灣人均GDP是世界排名十七（根據國際貨幣基金二〇一九年四月公布資料），比韓國、日本高。臺灣的經濟成長趨緩是自然的，他笑說，「在臺灣，我們被寵壞了，習慣高成長，日本已經二十年沒有成長了，可是你有覺得日本人都要死了嗎？」從歷史看來，人類社會長期都是停滯的，自英國工業革命開始快速成長，不過是這兩百多年的事情。吳介民談起世代差異，「我爸爸那一代，享受了黑手變頭家，大多數努力就可以有回收，到你們這一代這個機率低很多，這是社會結構、階級結構的穩定化，我們更像西方社會的結構了。」但當階級結構穩定沉澱後，西歐決定走向福利國家，每個國家有不同的走法，臺灣會怎麼掌握轉型過程的歷史機會呢？

「我不認為臺灣經濟都沒問題，年輕人低薪就是要解決的問題，臺灣的房地產價格相對於我們的薪水太高，臺灣的問題最嚴重的是在財富差距，不只是薪水差距。」吳介民指的是，一個人如果是靠出生決定以後有沒有房子，是非常糟糕的事情。他舉其他國家對住房的不同處理方式，「歐洲是房租管制，增加公宅供應是新加坡模式，柏林最近房租管制很厲害，管到有錢人反彈，所以當德國人是蠻幸福的，薪水高、東西便宜然後房子便宜。」為什麼臺灣不管哪個政黨執政的政府都不敢處理？吳介民說，因為房地產控制了廣告業，廣告業控制了媒體業，房地產控制了政治獻金。他認為，如果能讓年輕人想要買房子或租房不那麼辛苦，整個生活品質會好很多。此外，工資占GDP從九〇年代五成多一路跌至百分之四十幾，但提高最低工資有沒有助於調薪？吳介民認為這涉及到學術辯論，卻也是臺灣在社會經濟層面一定要進行的改革，也就是要讓所得分配做得更好。吳介民認為，想要一步到位成為北歐模式，這是太烏托邦式的想法，我們必須從臺灣既有的條件出發，尋找邁向核心國家之途。

「臺灣已經有跟核心國家製造能力等量齊觀的產業鏈，就是半導體產業鏈。」Intel製程節點已輸給台積電，格羅方德（Global Foundries）也放棄追趕，過了十二奈米節點就不追了。他認為，現在跟臺灣競爭的就是三星，三星還發下豪語要花一兆韓圜十年內趕上臺灣。所以臺灣在半導體製造真正的競爭對手是韓國。台積電也幫中國華為的晶片設計公司海思代工，中國華為實力不錯，它可以設計但沒辦法製作高階晶片。吳介民分析，中國晶片晶圓廠跟臺灣的落差是十年左右，三代以上，而且根據專家的預測是愈拉愈長。

吳介民也特別觀察近年風電的發展，認為發展風電產業鏈可能是追趕核心國家的一個機會，但有風險。他從產業論產業，臺灣海峽很淺，幾十公尺而已，是非常好的海上風場，風電又具有複雜的產業鏈，牽涉幾千幾百個工序，每個環節都會產生一個個工作，我們現在跟外商「以市場換技術」，就看未來能不能發展。臺灣其實有些環節很強，比如開模，他引用同事謝斐宇的研究說，丹麥公司都來臺灣開模，但有些技術我們沒經驗。一臺海上作業船就要投資很大，所以風電產業如果沒有長期遠景，是沒有人會投資的。本地銀行就不太敢投資，都是外商銀行在賺。而且我們也想學習外商的系統整合能力。吳介民說，「幾十年前無法預知台積電會成為全球頂尖公司，所以我們也不知道十年後風電會不會成功。臺灣不少產業是自發成熟的，像汽車零組件，政府提供一些標準檢驗中心，但靠一批中小企業打拚出來，臺灣這種隱形冠軍不少，所以臺灣並沒那麼差。如果資金投資在能夠創造就業機會、工資高的產業，臺灣的年輕人就愈有機會。」所以一方面要持續要求政府進步，另一方面尋求產業升級的機會。

迷思三：靠美國，臺灣就安全？

臺灣的經濟要強，社會防禦力強才是根本。吳介民說，很多人說現在美國跟中國在吵架我們就安全，不能這麼想。臺灣不努力不自強，人家不會來救你。「美國現在有可能通過《香港人權與民主法案》（*Hong Kong Human Rights and Democracy Act*），如果香港人不抗爭美國會提出這個法案嗎？」他舉例，克里米亞被俄羅斯併吞時，北約有去轟炸解救嗎？沒有。因為克里米亞公投都輸了。而臺灣與美國不是正式盟國，不像美日簽有安保條約，幾個月前還修改規定，連日本遭到網路攻擊都視為實際攻擊。臺灣必須謹慎看待自己的位置與中美貿易戰的發展。

關於美中對抗，這幾年有兩個說法，一個叫新冷戰，一個叫數位鐵幕（digital iron cage）。吳介民強調，他對新冷戰的說法有一定程度的保留，因為「在美蘇對抗年代，兩大帝國集團沒有交纏的經貿體系，現在麻煩的是，中國跟世界的產業鏈是交纏得很厲害的，所以，所謂的新冷戰，仍是預測前瞻，較精確的說法是decoupling（脫鉤）」。

但照目前美國「漸進包圍」中國的趨勢，如果要脫鉤也是長期過程，因為相互的貿易結構的交纏依賴程度很深。

將來會形成兩大貿易集團嗎？吳介民指出，美中對抗打響第一炮的就是二〇一八年中興電信制裁案，中興電信被美方下禁運令後不久，習近平就到東北視察，他注意到習近平說要準備「自力更生」。「自力更生是毛澤東時代的用語，英文叫autarky，就是經濟上自給自足，自成一個系統，不跟系統外面產生貿易往來關係。」中國是有自己幹的資本，它有十四億人口，人口基數夠大，再加上中東、非洲跟一部分的拉美國家，就是一個貿易圈。美國集團就是經濟合作暨發展組織（OECD）、東亞這些民主國家跟其他親西方國家，所以可能會變成兩大貿易集團。如果美中對抗持續下去，將來是有這個可能性。

美國人最在乎的是什麼？吳介民說，不要以為川普就是大老粗，工商業界許多他的支持者，因為很多產權都被中國偷，所以美國現在跟中國談這個貿易戰，關稅只是表面，不是不重要，但是底層都是產權保護、市場開放、中國制度改變等等。他轉述香港裔美國學者孔誥烽提過的例子，國際上很有名的重機械公司，技術也被偷走，「結果去東南亞看，你怎麼賣那麼便宜？那就是從我這邊偷的技術啊！」中國這種邊買邊偷的手法，讓德國、日本、美國等企業吃了不少悶虧。

可是兩大貿易集團會完全沒關係嗎？吳介民認為他還無法這樣推論。因為習近平會不會讓步，或是美國壓力會不會減少，這是互動的，而且沒人知道習政權會不會垮臺，新的繼任政權會不會對美國讓步？至少從美國目前的利益它並不希望中國崩潰，美國是要中國甘願當老二。吳介民的看法是，如果中國願意回到當老二，然後自己政治經濟是穩定的，它要「處理」香港與臺灣問題是綽綽有餘。那個局面美國就不會對臺灣這麼好，所以這裡面是很複雜。

中國會不會經貿自成系統，美國會不會繼續與中國產業脫鉤，吳介民認為還很難斷定,「但如果中美在戰略跟經濟利益上達到均衡,情勢就會緩和下來,因為現在中國太多行為 aggressive,在南海造島,造完島再去設那個防空飛彈,美國緊張了,難道船隻通過就準備對我們打飛彈嗎?」南海傳統上被認為是公海,但中國認為這是他們的內海,就形成很大的地緣政治衝突,臺海和東海,也都是潛在的火藥庫。

吳介民再三強調,臺灣的安全不能單靠美國,也不是只靠選舉鞏固主權、民主,要改革經濟、增進社會福利,讓經濟與社會更健全,形成更堅實的共同體,這才是母體。當然對局勢更要有清楚認識,像「與紅色供應鏈切斷,我們就完蛋了」的說法,其實剛好相反,現在如果美國不准台積電幫中國做晶片,反而是中國倒楣了。此外,經濟學家從預測長期經濟成長來看,中國跟印度不同,中國是剛崛起就未老先衰,它已經沒有人口紅利,再下去它就要負擔很多養老成本了。

吳介民總結自己的學術工作是,「要讓臺灣的中國研究清澈化,讓我們更認識中國,而且是從世界認識中國跟兩岸關係。」他覺得,從全球眼光跟歷史看,才是我們對中國識讀的關鍵。很多臺灣人對中國的識讀是不足的,但怎麼看中國政權的長期發展,跟世界歷史發展識讀有關。吳介民觀察的中國,是正在掙扎到底是帝國重建還是現代型民族國家的過程。

中國沒有民主化的原因

中國還有民主化的空間嗎？吳介民說，為什麼中國已經有「中產階級」了，而且至少兩、三億相當有購買力的中產階級，但沒有發生「現代化理論」預測的民主化？他認為道理很簡單，因為這個中產階級的生活、資源，高度依附「黨」，以及「黨國資本」。中國很多中產階級就是依存在政府有關的企業、事業單位，加上「國進民退」，所以這群人容易有錢。中國當然也有純粹民間企業家，可是不夠茁壯，處處受到政府監控。

中國仍舊有許多「自由派學者」，可是在學校裡面是無法抵抗的。吳介民說，中國這二十年因為國家有錢，大學老師的實質所得高，他們正式薪水不多，但各種福利、外快多。有良心的學者則是明哲保身。「明哲保身本來就是中國的文化傳統。革命要組織啊！共產黨最忌諱、有共產黨以外的組織，只要有任何這種組織馬上就扼殺你。」

中國政府很厲害，它現在變成一個數位監控國家，在中國手機能辦所有事情，農民工也是都這樣，所以整個國家通過網路電腦系統，能夠隨時掌控每個人的行為跟定位。要去做橫向連結的抵抗？就變得愈來愈困難。「中國每天的日常抵抗專制、抵抗貪官汙吏、抵抗汙染，跟抵抗資本家的行為是層出不窮，可是為什麼沒有變成全國性的風潮？」吳介民的解釋是，除了中國太大，也因中共政權非常防範橫向連結，他們處理這些事情，是非常堅決、非常殘酷的，很多抗爭就是把你包圍在一個範圍。像「烏坎事件」被限定在一個小範圍，並沒有擴散到整個鄉村地區。所以它的社會控制手段相當有效。《尋租中國》裡面提到二〇一〇年後的工人抗爭、罷工潮，它是搭配產業鏈的升級，要修理、淘汰一些臺商跟外商，所以一旦完成了，就把那些NGO全部抓起來或晾起來。「這個政權真的是左派嗎？我是蠻懷疑。」這些一代又一代民怨，是數以百萬、千萬計的民怨，不斷在累積，所以它有一天可能大爆發。

但對中國的未來發展，吳介民認為反而不在經濟問題，更困難是政治關卡。以一九八九年天安門事件來說，就是一群有理想的年輕人跟中生代，跟黨內的改革派、開明派趙紫陽人馬裡應外合，想要闖一個「政治關」，但沒闖過。他是這樣理解八九運動。中國怎麼過政治關，是一個大難題。吳介民說，中共幾乎每次政治繼承、都產生屠殺、關押、鎮壓、清洗，習近平是乾脆取消任期制。這是很大的風險，他難以安全下莊，下莊就是身家不保。因為中共太不透明了，跟以前的蘇聯一樣，所以外界很難知道政權會不會崩潰，一旦中共政權崩潰，可能經過一、二十年的混亂期，最後可能像從蘇聯到俄羅斯帝國回歸一樣，產生普丁這樣的掌權者，徒有選舉形式，但其實專制。

吳介民坦言，中國現在走上的道路就讓很多人擔心，很像從普魯士一路到德意志、到納粹的路，軌跡相似。中研院學者陳宜中以前就警告過中國正在產製「反民權的國族主義」。這是最讓人擔心的走向。「擔心中國走向『納粹道路』，西方也開始有人寫，最近愈寫愈多了。我不會說現在中國政權是納粹，可是我覺得他們這樣下去的可能性愈來愈高，包括在新疆搞集中營，對香港的殘酷鎮壓。」

中國到底是邁向帝國重建還是現代民族國家，吳介民說，我們不妨看看現在中國在做什麼事情，「中國現在用漢文化、漢文字在改造少數民族，它想用強制的、高壓的手法，把維吾爾、圖博等少數民族，強迫打造進漢族中心的帝國結構，這是一個非常大的賭博。而且我是不看好的。不要說殺人這件事，這本身就是文化滅絕。」一旦中國的核心政權不穩，少數民族肯定會背叛，蘇聯就是最好的例子。

中國很麻煩的就是，它的意識形態不是現代西方、十九世紀的公民民族主義的邏輯，而是血緣邏輯。這是從中國人民到菁英都根深柢固的觀念，「我覺得人民還比較容易修正調整，可是很多統治菁英，他們是有一個帝國復興重新獲得榮光的欲望。我要提醒我們臺灣人，你不要以為習近平政權垮臺就沒事，甚至中共垮臺就沒事。」吳介民覺得臺灣面對中國因素，跟中國的帝國擴張跟重建的這個因素，其實至少是幾十年的事情，不能小看。他不免提出警告，二〇二一年將是第一個百年（指中共建黨百年），二〇四九年是第二個百年（指中共建國）。所以中國現在的路線圖，很有可能在二〇二一年要確立對臺灣主權聲索的這個圈套，然後在二〇四九年真的「收復」臺灣。這個時間表從香港的例子來看，並非不可能，因為它也是前後用了三十年的時間，先從英國手中拿回香港，然後試圖把香港整個吃掉。

面對中國威脅要有長遠的遠光

即便面臨中國兼併的威脅，吳介民有他的洞見，他說跟中國的關係不管是敵是友，我們自己要凝聚一個長遠的眼光，這個處理過程是需要很多集體的力量跟智慧，不是說一次就解決的。

跟中國的關係可能還有很多更有創意性的出路。比如他個人雖不同意，但覺得過去中國的自由派學者劉曉波提出的解方有新意，就是中國應該變聯邦國家。當然他們是把臺灣跟香港都算入聯邦。吳介民也覺得，如果中國轉變成聯邦國家，然後讓每個邦的自主性增加，那個時候中國對臺、港，對少數民族，政治上就會比較文明化。「可惜那個方案完全被扼殺，完全沒機會了，現在更不用說。」

吳介民則從歐洲五百年的分離、統合，提出「華語世界」的概念。在二〇一二年《第三種中國想像》中，他就提出「華語世界」這個文化政治概念，「說華語的人」界定歧異、寬鬆，強調不同社會之間自由平等的交往。華語世界不同於「中華民族」強調國族性，強調血緣關係連帶（其實是虛擬的）。血緣民族主義是一種權力政治概念，而且是強權者的權力工具。或許在「華語世界」的框架下，壓迫性的中華民族概念才能被解離。

但要走到這樣的情境仍是漫漫長路，他說，以歐洲為例，歐洲從文藝復興走到歐盟，經過五百年（何況歐盟今天仍動搖不穩）。中世紀歐洲是拉丁文世界，後來每個生活區各自發展書寫語言與文藝傳統，「漢文字的功能就很像拉丁文。拉丁文的世界，慢慢地每個地方都用自己的語言（所謂「方言」），拼出自己的文字，變成不同語文系統。你今天看香港文，中國人看不懂的，我們也是要訓練才看懂。」不過這一切仍在遙遠的未知。東亞的歷史是否會像歐洲這樣發展？解答仍渺茫。

更重要的是，即便在「亡國感」的驅使下，我們仍要回頭面對自己社會的問題。吳介民說，「我們的人均GDP經過購買力平價計算平均是比日本、韓國高，但我們這樣可以沾沾自喜嗎？那不過是一種比較方式。臺灣還有很多缺失，比如公共建設很爛啊！除了臺北市好一點之外，你到鄉下去，公車被取消、公車路線不方便，老人家出行就很困難，很多公共建設是愈做愈醜愈糟糕，這個都要改的啊！」吳介民說，雖然跟大家說，臺灣經濟沒有那麼衰，不是跟中國脫鉤就會慘，是要澄清這些事實。但回到臺灣自己，我們仍有很多問題要面對、要解決。

（撰文：春山出版編輯部）

吳介民

中央研究院社會所副研究員。著有《尋租中國：臺商、廣東模式與全球資本主義》、《第三種中國想像》、詩集《地犬》；主編《吊燈裡的巨蟒：中國因素作用力與反作用力》、《權力資本雙螺旋：臺灣視角的中國／兩岸研究》、《秩序繽紛的年代》；並譯有赫緒曼（Albert Hirschman）《反動的修辭》。

關於「亡國感」的幾個關鍵字

顧玉玲

我提及愛國主義時，說的並非愛意。我說的是恐懼，對於異己的恐懼。它的表現相當政治化，一點也不詩意；它藉著憎惡、對立、攻擊展現。那股恐懼在我們之中滋長。年復一年，它在我們體內增長……

——《黑暗的左手》，娥蘇拉・勒瑰恩

近年來，課堂上有關兩岸關係的討論，我特別明顯感受到臺灣大學生對中國政權的高度反彈。年輕人的反感與抗拒其來有自：對臺灣，中共政權雖有許多惠臺措施，但軍事威脅不曾鬆手；對中國內部，官方雖有意識地逐年調高工資與環保標準，但驅逐城市低端人口也毫不手軟；對邊界少數民族，經濟挹注雖大幅提昇，但強制漢化政策令人心驚膽跳；對一國兩制的香港，港警以武力鎮壓「反送中」的勇武抗爭，更讓臺灣唇亡齒寒。隨著中國經濟快速崛起，臺灣內部兩岸一家親、九二共識、一國兩制、一中架構的和平協議等政治口號，激起關係迫近的不安情緒。很多人擔憂中國挾經濟實力遂行政治統一大夢，「反對強國併吞」的聲浪應聲而起；另一方面，也有人主張兩岸合作共榮發大財，鎖國不可行，「分裂引發戰爭」之說也滲透人心。「亡國感」以外部的中國威脅做為引信，爆裂的卻是臺灣內部的不安與疑慮。

方興未艾的「亡國感」，充滿歧異的指涉，混雜交匯，毋須固著化，也不必對號入座，只能從感受層次的失落、不安、焦慮進行現實分析。簡化來說，「亡國感」不脫對強國併吞或引戰的恐懼、對現實生活條件的不滿、對未來沒有出路的無望，全面價值體系的崩毀，亡國感隱隱作痛，像發炎的神經，碰了就疼。個別的恐懼，只有朝向虛無或犬儒，但集體的不滿與無望，卻可能催生行動的連結與溝通，追求改變的可能。以下，我暫以臺灣工人的階級視角切入，從恐懼、不滿、無望等關鍵字，以及相對應的溝通、參政等民間自發行動，談談亡國感的出處與去向。

恐懼：外部勢力，內部分化

時值臺灣總統大選，藍綠陣營各自推出中華民國保衛戰、臺灣生存保衛戰的競選口號，一個政體，各自表述，以戰爭、併吞的恐懼，推動人民用選票救國。兩黨都以「恐懼」召喚國家危機感，藉由攻擊異己以建立對內認同，封閉迴圈般的網絡系統，只達到鞏固基本盤的作用，使恐懼成為無知與隔離的根源。恐懼是不溝通的，只導致排除。對立的兩造，多認定對方無知、被洗腦，解決方案若不是彼此洗板以強化己身立場的正當性，就是互貼賣臺標籤以隔離對手。

對抗恐懼，依靠的並非勇猛，而是溝通。裂縫從何而來？疑懼何以寄生？對問題關鍵的思索與解謎，需要內部對話、相互理解，更需要從歷史回顧自身意識養成的客觀條件，與主觀認知的差距。

回首上個世紀的臺灣，從日本殖民統治的皇民化運動，到戰後國民黨的禁說方言政策，百年來一再重挫本土文化。二戰後，臺灣脫離殖民統治，隨即被美國扶植的國民黨政權控管，在美國的亞洲軍事與經濟布局中，臺灣長期依賴美日經濟發展，一方面在消費上延續著對前殖民宗主國的文化認同，一方面又在政治上強制嫁接中華正統的文化優越性，在地知識未經解殖，就於混亂糾結中持續被底層化、低劣化。解嚴後，這些未曾清理過的文化雜匯、政治扭曲的經驗，就地反撲成（文化）去中國化與（政治）去威權化的緊密連結。

冷戰時期在臺灣深植的「反共」意識，解嚴後仍成為臺灣主流意見，扣連本土意識興起後的「反中」，乃至於中國經濟崛起後的「恐中」、「媚中」等矛盾情結，一脈相傳，都為意義紛歧的亡國感添油加料。事實上，中國崛起建基於高速快轉的全球自由貿易，早已沒有資格再自稱共產主義。資本主義最慘酷的階級剝削、生態破壞，在中國式「一部分人先富起來」的經濟進程，只是有過之而無不及，就算官方提出「國進民退」以節制私人資本，也只是加強政治與經濟的集權控制，鞏固全球資本主義市場霸權地位。剔除掉過時的反共意識，現今臺灣人面對的，就是中國官方持續的武力恫嚇、緊縮臺灣的國際空間等進逼效應。落實到日常生活裡，則是臺港藝人被迫公開政治表態、臺灣人赴中旅遊「被失蹤」、中國觀光團來臺數量由政策控管、中資掌控臺灣媒體或運用網路假消息的統戰手段等，無一不是幫「仇中」提油搧風，火力一點就燃。

開放交流三十年，兩岸政商權貴早已結合成利益同盟，臺商去中國以舊有的獲利模式剝削工人，回臺又享有免稅、超額僱用移工的優惠，雙方政權都卯足全力「以商養政」，利害與共。現實生活裡，兩岸民間交流頻仍，廣大的中國人民一如港澳人民都可以是臺灣民主化的結盟對象。華文世界裡學術、文化、藝術、科技的互動頻繁，兩岸工人在臺資工廠有類似的壓迫處境，數十萬婚姻移民的親緣關聯，還有往返海峽兩地就讀、就業的青年學子，都可是臺灣建立國際連線的重要伙伴。兩岸的基層人民長期做為經濟發展的犧牲打、政治鬥爭的馬前卒，應該致力拓展跨國界的橫向結盟，建立人民平等交流的互助平臺，以抵抗政商霸權由上而下壟斷兩岸政治。

理想上，民主是限制政權擴張，讓民間保有主體的協商能力。但在兩岸局勢緊繃下，中國對外爭奪全球資本霸主、對內貫徹國族統一意志，統戰與交流邊界模糊，中共代理人也可能披著民間結盟的外衣，引發敵我二分的高度對峙，重挫兩岸人民的交流。另一方面，因應中國資訊滲透的威脅，臺灣官方於二〇一九年修改《國家安全法》以加重刑責防堵境外勢力，也引發民主防禦或民主倒退的爭辯。對於常年飽受「國家安全」之苦的臺灣社會來說，這原本是個大好的民主對話的機會，值得放下統獨爭議，溝通國家安全與社會控制的內外界線、民主與自由的集體實踐，可惜卻在政黨間淪為互貼賣臺標籤的謾罵，兩造陣營各自歸隊，社會沒有對話。這也許是亡國感帶來最大的危機：恐懼拒絕溝通，不必等外部攻打，內部就先裂解了。

不滿：彈性勞動，謀財害命

八〇年代末，伴隨著臺灣政治解嚴而來的，是橫掃全球的新自由主義。威權政體終結，國會全面改選了，總統直選了，政黨輪替了，一人一票的形式民主大抵確立，但無論哪一黨掌權，國家政策都毫無遲疑地擁抱新自由主義發展模式：降低國際資本流動與併購的門檻、販售國營土地及股權給私有財團、禁止農作補助並開放農地自由買賣、引進家務移工替代長期照護、降低關稅以利資本核心國家傾銷商品、抑制能源價格以吸引投資設廠、勞動條件去管制化等，造成貧富差距急速擴大。

長期以來，在官方的政策宣導中，私人財團的獲利總被當作「經濟發展」的代名辭。彷彿資金投注了、工廠設立了、GDP數字上揚了，就代表臺灣經濟發展有救了。但在工人的現實裡，分明經驗到老闆賺飽就跑、薪資占GDP比例遂年下降、勞苦一生的關廠工人被迫上街頭追討退休金。相較於資方利益總被套上整體利益的外衣，普遍性的工人失業、過勞現象，卻多半被定位為待解決的個別問題，若不是怪罪個人不夠努力，就是要求配備第二、三專長以增加競爭力，或及早投資理財以自救安老。主流價值將結構問題個人化，龐大受薪階級的具體利害，從未被視為全民問題，進而重新檢討發展藍圖與資源分配。

二〇〇二年臺灣加入WTO，除了加速排除國際資本來臺障礙、取消保護內部產業的政策，同時也立法將勞動條件全面彈性化。工資彈性化，彈性的是老闆的資金調度，為求生存，產業工人自動搶做、超時以增加收入，而占所有就業人口近六成的服務業，更不乏以銷售量而非生產量的計薪方式。工時彈性化，彈性的是企業的人力調配，勞動者徹底成為生產機器，休假不固定、工時不正常、生活不規律，生理時序混亂，無以安排正常社交約會。僱傭關係彈性化，彈性的是雇主聘僱責任，公部門帶頭將基層工作切割外包，私人企業更加肆無忌憚地聘用派遣工人，規避資遣與退休責任。而不穩定的就業使邊緣工人難以組織，更進一步被剝奪勞資協商的集體權力。

彈性工時、彈性工資、彈性僱傭關係，三重彈性化的交互作用，使勞動現場宛如搏命戰場：做一天休一天，連續待命超過二十四小時，靠安非他命提神終至車毀人亡的貨運業司機；實施兩班制的電子廠內，固定每日輪值十二小時，不定期加班至猝死於外勞宿舍的移工；上完大夜班，靠安眠藥強迫入眠不到四小時，又要趕赴日班只能藉著咖啡提神的護理人員；以及那些責任制在家工作到夜半，倒趴在電腦前，再沒有醒來的年輕工程師……過勞的風險就在眼前，失業的危機緊追在後，進退失據的臺灣工人，在彈性化的勞動處境匍匐求生，但求平安健康而不可得。勞動條件去管制化的惡果，由個別工人以性命承擔，政策性為老闆謀財、害工人性命。

無望：青年未來沒有出路

在臺灣，我們早已見證資本主義掠奪式的發展，一端是降低生產成本，競奪最大利潤以形成壟斷；另一端是刺激新的需求欲望，無止境擴大消費市場。兩者互為表裡，缺一不可。對成長於解嚴後的臺灣青年來說，工資趕不上物價水平，儲蓄還不完房屋貸款，普遍的青年貧窮化令人不敢奢想未來。

當代資本主義的最大危機，就是生產過剩，耗竭地球資源，製造無窮垃圾。臺灣的廢核運動曾提出「用電零成長」，從能源政策反思臺灣產業結構及日常消費模式。官方回應的「非核家園」，只從最表層的供電分配下手，對於占最大用電量的工業用電放水，既不敢提高電費，也不敢廢掉高汙染、高耗能、高剝削的產業，還任由日夜排放廢水的違章工廠就地合法化。經濟發展的成果並未全民共享，付出的環汙、勞損的龐大成本，卻留給社會集體承擔。

經濟成長早就被資本獨占，與青年就業、工資調幅、甚至國家稅收都嚴重脫鉤。以過去十年來說，臺灣企業獲利翻升逾一倍，工人的實質薪資卻倒退十七年，人力成本占總體營業額逐年下滑，國庫也連年虧損，錢全進了老闆的口袋。臺灣稅制嚴重向財團傾斜，租稅負擔率由一九九〇年的二〇％大幅跌降至二〇一八年的一三．四四％，遠低於鄰近的香港、中國、韓國、日本。朝野合作無間，立法推出一波又一波獎勵投資的減稅工具：在推出「獎投條例」三十年後，又以「促產條例」加碼二十年，「產創條例」十年期滿租稅優惠再延長十年[1]；營所稅一舉下砍五％，再奉送兩稅合一；炒作股票、房地產的資本利得，享有超低稅賦；遺產稅下修四〇％，為富人大幅降稅；臺商回流設廠，也享有優惠稅率條款[2]……族繁不及備載。官方不遺餘力為財團謀利，自動縮減稅基、稅率，國庫舉債至今高達六兆元——超過臺灣國家總預算的三年總和，債留子孫。青年對未來無望，莫過於此。

帳面上看得到經濟成長指數攀升，工資與稅收卻沒有增加，影響所及，醫療公衛、托育照顧、退休安老、生態保育、教育與文化資源等，皆受到排擠。稅賦不公也影響投資行為，房地產的超低稅率吸引游資炒作，土地與住宅成為獲利最有效的投資商品，全臺空屋囤置二百萬戶，房價還是高不可攀。中美貿易戰開打後，撤離中國回流臺灣的資本至二〇一九年九月已逾六千億，會不會帶來經濟復甦還很難說，但可預見房價又要再創新高。青年購屋的代價是終生貸款、再無餘力關注公共政策與追求夢想。

二〇一九年國慶演說，總統提出臺灣的總體戰略以「民主自由、市場經濟」做為根本價值。然而，選舉民主並未帶來經濟民主，經濟兩極化的政治自由，只是富人決定候選人，窮人只能當選民，一人一票並非等值。更何況，市場經濟的背後莫不是政策性的干預，財團獲利多半仰賴官方的融資貸款補助：要蓋廠，公權力強制徵收農地；高耗能，無限制提供工業用電用水；有汙染，從環評過關到監督審查都為招商量身訂作；缺便宜工，引進廉價移工以壓低整體勞動條件……更不用說，數十年來的優惠租稅，將公共利益直接放進私人財團的口袋。以上，我說的都不是弊案，而是國家政策為財團利益的合法護航。重度跛腳的分配不公，成為臺灣社會對立的最大危機。

這個擴張競利的市場經濟，從來就不是自由的，反而充滿了政策干預，有利於資本壟斷、財團治國。企業賺飽了，稅收減少了，青年還是失業，住宅、土地、醫療、教育快速商品化，貧富差距遙不可及，階級早已成為世襲。現實生活沒有出路，再努力也不會成功，亡國感無非反映了臺灣青年的走投無路。

行動：經濟、政治都要民主化

外有強敵、內有分裂的恐懼，點燃亡國感的煙哨，內部延燒的烽火卻是階級壓迫的不滿與無望。追求政治民主，無法繞過經濟不民主的客觀現實，財團壟斷生產、生活條件下降、選制不公等，都嚴重影響基層人民的政治參與。大結構的翻轉不易，過往革命思潮無法複製也不應套用，亡國感必須回到現實脈絡中進行體檢，尋找行動的破口，累積對臺灣未來的實踐力與想像力。

長期以來，農民、工人、漁民、原住民、遊民、新住民、性少數、教師、學生、遭迫遷住民、社區居民……早已在臺灣社會各地，如工蟻般經營草根自主力量，保衛社群生活方式的「自由」，練習集體決策的「民主」。人民的發展有別於資本競爭模式，朝向協同互助的生產與消費關係，而各種抵抗行動所產生的共同體，就是實踐民主的重要載體。共同體並非虛擬，真實來自集體行動所凝聚的情感動能：抗暴共同體、追求民主共同體、在地小農共同體、護溪愛鄉共同體等，國族共同體只是其中之一，不必然優先於工人或女人共同體。過度強調單一認同，只會形成對內抹平歧異、對外排除異己。藉由多重認同的相互學習，才得以淬練一個尊嚴勞動、安全居住、公平分配、平等參與公共事務的社會，以建立臺灣人民的主體。

深耕在地力量本身就是高度政治性的。另一方面，選舉吸納臺灣社會龐大的動能，雖說政治民主不該被選舉取代，但社會運動對權力結構的翻轉，也無法略過選舉。過往的形式民主讓我們成為只知投票的政治盲，選民與被選舉人的關係，只有單方面的授權關係。民意代表以選票獲取政權入場券後，人民再也沒有約束力，連要拉他們下臺的罷免權都因門檻過高而不曾實現過。理應為僕的民代，反身成為權力掌控者；應當作主的人民，則被矮化為泛藍或泛綠的支持者。

代議政治中，選民與候選人距離遙遠，多半只能依「形象」投票。候選人砸大錢買廣告，強調清廉、賢能、有理想，不遺餘力以抱小孩、夫妻緊扣十指等影像，塑造新好男人、或家庭與事業兼顧的能幹女性形象。正因為選民投完票不再掌握權力，只好寄望投給一個「好人」，至少犯的錯可以少一點，但好人背後的階級利害則被隱藏了。公私領域宣傳混用的矛盾，造成個別候選人的性傾向、外遇、甚至學歷都成為選戰攻防。政治人物成為主流形象的集體投射，這個社會只有更加保守、倒退、單一價值取向。

何以政治成為我們的身外事，任由少數人壟斷參與的權力？過往，臺灣的民間力量針對選制改革提出進步主張，不管是女性比例代表制、「拒投爛蘋果」的廢票運動、取消保證金制、候選人選前簽定辭職書、降低參選門檻、競選經費由國家辦理等，都在挑戰代議政治的局限，破除被金主掌控的選戰現實，尋求重新定義「民主」的實質內涵。代議制度只是當前政治的權宜之計，作用是強化而非取消直接民主。民代的職責是服務選民的政治參與，將國會討論的財務、提案、資訊盡可能透明化、口語化，促成公開辯論。「民主」需要條件，也需要練習。若我們期待的民主制度，是由下而上的參與過程，那麼，人民比民代更需要練習當家作主的機會。

有人擔心選舉開大門恐流於民粹，事實上，民主就是讓人民充分掌握自主權，花力氣主動參與政治，不怕事多，更不怕人多；相反的，民粹抑制人民的行動，也掩蓋資訊，將理想投射在個別政客身上任其壟斷政治權力，大眾卻產生已然參政的幻覺。唯有選舉人與被選舉人的關係被翻轉，彼此的從屬關係不因投票而消失，我們才有可能主權在握，當家作主也才不是空話一句。法治化的代議制度，當然很難一舉解決結構困境，弱勢參政也不必然比社運蹲點、社區組織、觀念倡議更重要，而只是落實於在地脈絡中，各種追求民主化的行動之一。臺灣民主尚未實現，但沒花過力氣，也不要輕易對民主失望。

亡國感始自恐懼，終於行動。真正追求獨立精神與民主自由的人，不會偷懶地使用亡國感綁大選，不會冀望個別總統候選人來替大家救國（或賣國）。參選政見中的兩岸政策，以及產業、勞工、婦女、教育、環保、國防等政策，都能展現該候選人的施政價值取向，每一項都很重要，彼此之間並不因亡國恐懼而導致兩岸政策獨大、民生議題消失的抵充效應。臺灣主體性的建立，從內部抗爭開始，壓迫未曾一日稍歇，社會運動也沒有大選假。面對強權的威脅，唯有充沛的民間力量得以抵抗，這是香港人民抗爭帶給我們最大的啟發，以小搏大還是要打，徒勞無功更要反擊，自由一點也不輕鬆，民主從來都是行動爭來的。

顧玉玲

社運工作者，臺北藝術大學通識中心助理教授，著有《我們：移動與勞動的生命記事》、《回家》，編有《木棉的顏色：工殤顯影》、《拒絕被遺忘的聲音：RCA工殤口述史》。

注釋

1 為吸引資本投入而訂定減免租稅的政策工具，從一九六〇年實施《獎勵投資條例》，三十年期滿後旋即轉由一九九〇年《促進產業升級條例》接替二十年，至二〇一〇年再度變身為期十年的《產業創新條例》，二〇一九年修法又延長十年。

2 「歡迎臺商回臺投資方案」自二〇一九年一月起實施，實施期程為三年。第一年匯回資金，可享優惠稅率八％，第二年匯回則課徵一〇％。臺商若對特定產業進行實質投資，政府再退回半數稅額，稅率等於只有四％及五％，且享有超額聘僱移工比例。

王盈勛

中國的道德三隻手，如何帶來無力與之競爭的絕望感

中國總是可以創造奇蹟，已成當代世界的常態。

當你努力趕上最新的管理技巧，學會許多開源節流的新方法，引進了不少昂貴的自動化設備，甚至還排放了一些不該排放的汙水，也才千辛萬苦為你的公司降低了五％的生產成本。而中國，很神奇的，總是有廠商半路殺出來，以三分之一的價格搶走你的訂單；集臺灣人三千關愛於一身的臺大，年度預算雖已是其他大學稱羨的一百六十億元，但臺大幾乎年年提出數據，聲稱北京大學與北京清大的預算是臺大的四．五倍到五．五倍，甚至連甘肅的蘭州大學的經費都在臺大之上；臺灣為了維繫為數有限的邦交國，花費數百萬到數千萬美元幫忙造橋鋪路，發送臺灣獎學金，經常被媒體評為「凱子外交」，但同樣的媒體，評論中國挖角臺灣邦交國時，卻又常盛讚其數十億甚或百億美元的手筆，豪氣干雲，非臺灣能望項背。

這些發生在中國的奇幻般的表現，可以一路羅列下去，各行各業，政治、經濟、社會與文化，民間與政府，跟中國打過交道，或沒打過交道的，都能說出一長串關於「中國奇蹟」的故事。這些奇蹟除了令人讚嘆，也造就了讚嘆者自身的卑微感與絕望感，覺得自己再怎麼努力，也與中國奇蹟相距甚遠，無能為力與之競爭，亡國應已不遠。

奇蹟的虛與實

每個國家都有其獨特的優勢，中國也不例外。但中國的優勢，卻經常以一種近乎「特技表演」的形式出現。特技表演太過頻繁，不免就讓人懷疑是否為騙術。批判中共的人認為，中國官方習慣性的數字膨風造假，遭紅色滲透媒體的誇大渲染，以及中國以外地區的人們，直覺地用正常國家的標準，來理解中國特殊的政經社會體制，都是中國特技團表面上看來這麼令人目眩神迷的主要原因。

比方說，當臺灣人談論北大或北京清大四到五倍於臺大預算的時候，我們是否真的理解，中國的大學旗下常有龐大的「校辦企業」，這些企業的營運與投資費用，與大學的教育預算是不是分開計算？二〇一五年，清華大學名下的清華紫光集團，宣布要以臺幣六百八十八億元，入股臺灣的半導體廠矽品與南茂。如此龐大的資金，卻是出自北京清華大學的「校辦企業」，試問，這是北京清大的教育經費，還是中國國家的經濟戰略經費，其實另有財源？我們對這問題並不清楚，但既然沒有答案，宣稱北京清大的年度預算遠高於臺大，也就幾乎沒有任何實質意義，但我們還是年復一年如此宣稱。

渲染中國預算無上限地對外灑錢，一樣未必經得起檢驗。布吉納法索與臺灣斷交，當年便有臺灣媒體報導是中國許諾數十億美元援助所導致，二〇一九年所羅門群島與臺灣斷交，也傳出中共承諾給予五億美元金援。但根據美國威廉瑪麗學院 AidData 研究室的研究報告，從二〇〇〇年到二〇一六年，中國共花了四百八十億美元進行金援外交，這當中，四百五十八億美元是提供基礎建設工程貸款，「無償」的人道援助只占極低的比例，一年平均僅有一億多美元。換言之，中國可是一點也不「凱」。

但中國奇蹟有虛的一面，也有實的一面。全球的超市，滿坑滿谷是中國製造的商品，這是真實的；中國在基因複製、人工智慧、人臉辨識等科技領先世界，這是真實的；中國在驅趕低端人口、為特定族群清理發大財障礙的能耐與速度，沒有任何民主國家做得到，這也是真實的。

無底限的道德標準造就出各種奇蹟

這些看似紛雜，難以歸類的「真實中國奇蹟」，實則有一個必備的共同基礎：無底限的道德標準。

奇蹟如何可能？中國留學生經常出現的天文數字托福與GRE測驗成績，多年來讓臺灣學生想入學美國頂尖名校的難度大幅提升。事實上，若從平均成績來看，臺灣學生在二〇一七年的托福平均成績為八十二分，還高於中國的七十九分。但部分處心積慮想進美國名校的中國學生，透過各種光怪陸離、匪夷所思的方式，取得了超高的托福測驗成績。這些方法包括：非法取得托福測驗題庫、找槍手代考、以及「時差作弊」等等。（美國橫跨三個時區，但托福考試在同樣當地時間考試，等於就有三個小時的時間差。二〇一五年美國便有媒體報導，一名中國留學生，特地從居住地德州飛到加州參加托福考試，在美國東岸的考生，便有機會將已結束的考題答案傳給他。）如果這樣的舞弊僅為特例，同情中國者當然可以說，這樣違背道德的情事，有可能發生在任何國家，不獨中國。但此類舞弊事件之頻繁，早讓主辦這些測驗的美國教育考試服務中心（ETS，Educational Testing Service）在二〇〇一年發函美國各大學，警示要對中國考生的托福與GRE成績「持謹慎態度」。

中國二〇一八年人均GDP為九千七百三十二美元，約是臺灣二萬五千美元的三分之一強，但已遠高於東南亞製造大國越南的二千五百美元。以這樣的人均收入與薪資水平，早已很難靠低工資取勝，超低價的中國製商品如何可能？毫無忌憚地使用非自願人力、童工，壓制工會，不計回收的國家補貼，加上以鄰為壑的環境成本轉嫁便有可能。美國前總統歐巴馬夫婦所監製的紀錄片《美國工廠》（*American Factory*）便清楚揭示標榜共產主義的中國玻璃工廠，在美國投資如何打壓工會，在中國則是以共產黨企業內支部，取代了應為勞工權益發聲的工會。

銀彈彷彿源源不絕的一帶一路海外基礎建設投資，以中國約是美國GDP六成的經濟實力，美國尚且不能，中國如何可能？如果一個國家，有權力直接拿銀行存戶的錢，進行無擔保放款與投資，這便有可能。

道德：決定做不做與如何做的標準

如果我們內心沒有任何道德禁忌，原本看似不可能的事，也將變得可能。中國奇蹟並非魔法，他能打破道德禁忌你不能而已。

道德是什麼呢？是我們決定做或不做、如何做一件事的標準。每一種政治與經濟體系，總有其對應的道德與價值主張。沒有道德與價值基礎，我們不知道國家該不該介入市場，發展某個產業是不是這個社會需要的，智慧財產權的保護應該嚴格還是寬鬆一點。沒有價值理念，就不可能採取行動。

從經濟史的角度來看，人類兩、三千年文明的演進，除了經濟增長的追求，選擇做或不做、如何做特定的事來完成共同的目標，更是衡量一個社會進步或文明與否的指標。比方採行奴隸制度，對特定經濟型態下的特定族群，奴隸制度的確是有經濟效益的「經濟模式」（就如美國內戰前的南方莊園農業），有時甚至還可能達成「偉大而輝煌」的成就，像埃及金字塔的興建。金字塔這種人們口中的景觀奇蹟再難複製，並不是金字塔的營造技術真的那麼神祕難解，而是烈日之下動員數以萬計的奴隸，只為建造一座墳墓，在當代已是道德上不許可的經濟模式。

但指稱當下的中國是個無視道德的國家，恐怕也並不真確，相反的，中國是個道德論述氾濫的國家。

在不同的價值體系穿梭，創造自身空間

社會主義或共產主義的理念，相信人的平等、自由的實踐，比資本的累積重要許多，所以其信仰者更傾向國家干預、政策調控，以及社會總體目標的超越性追求，他們

相信進步的道德經濟便該如此；自由主義或市場經濟的信奉者，他們相信價格是最好的資源分配機制，開放與解除管制總是能帶來最大化的經濟成果，生命自己會找出路，不勞國家費太多的心，最道德的選擇，就是有能力的人都能得到最大的發揮，有相應的回報；還有一種理念，或許我們可以稱之為「泛傳統主義者」，他們可能未明說其道理，但大體上是相信，凡已存在的總有其道理，延續傳統，讓明日一如舊日，就是今日努力最重要的目標，道德盡在傳統中。

今日中共政權最重要的特徵，或許也是其創造奇蹟能力背後最核心的奧祕，就是中共具備一種無人可及的能耐，毫無罣礙也無違和地在上述三種道德與價值體系穿梭，隨時可以拿出來用，卻也隨時可以拋棄，道德與道德間的矛盾衝突、說法與做法間的不一致、或是對內與對外的兩套標準，從來都不對中共政權造成心理層面的困擾。

因此，我們可以看到中國國家主席習近平二〇一七年在瑞士達佛斯（Davos）世界經濟論壇高談何謂全球化，大聲疾呼自由貿易的重要性，卻又同時在中國維持世界最嚴苛的網路監控與管制、實施任何其他民主自由國家都無從想像的民營企業被國有化、以及無人可以參透其分際何在的國家補貼政策；中共既可以大肆宣揚中華民族的偉大復興，在全世界廣設孔子學院，卻也可以毫不遲疑地炸毀世界最高的滴水觀音像；中共既可以不遵守加入世貿組織時的諸多承諾，說《中英聯合聲明》不過只是「歷史文件」，卻也可以臉不紅氣不喘地要求美國遵守《八一七公報》。

在經濟道德面向上，中國有「三隻手」。被要求開放市場、或是被批評漠視人權、禁絕工會時，他們便是具有中國特色的社會主義國家，不可用西方國家的標準來看待；當中共要求他國開放市場、無忌憚地在他國散布假新聞，或是考慮立法如德國一樣禁止蒙面遊行時，他們主張自己應有和所有民主國家一樣的權力與自由；當他們畏懼人們因宗教而聚集團結起來，他們是共產無神論者，炸神像拆十字架，當中共領導人要抵擋美中貿易戰的重重壓力，敦煌石窟的菩薩也能拿來拜。

極右政權掛左翼招牌，不信傳統卻拿孔子當擋箭牌，普世價值與中國特色則是對外與對內分別適用的兩手牌。中共總是占便宜，中共總是不會錯，他們什麼都是，也什麼都不是，因為他們什麼都不信，但什麼都能說，沒有底限。

芝加哥大學社會學系教授趙鼎新在《合法性的政治：當代中國的國家與社會關係》一書中論證，當代中共政權的合法性基礎，在改革開放迄今的過程中，已從意識形態的合法性，逐步轉型為績效合法性——過去是只要有共產主義的進步理念追求，就有統治的正當性與道德基礎，現在則是，中國經濟的奇蹟般飛速成長，本身就證明了共產黨統治的制度優越性，沒有其他國家做得到。趙鼎新試圖據此解釋，為何中國的經濟發展，未能帶來西方社會預期的政治民主與自由，反而是更嚴密的政治控制。這種觀察在此前有一定的解釋力，但在中美貿易戰後，中國經濟增長明顯趨緩，不僅未見對中國績效合法性的挑戰與質疑，反而是眼見中共加強灌輸習近平思想、企業「國進民退」、公私合營等，回歸意識形態合法性的作為。說中共有單一、穩定的正當性基礎，未必是經得起考驗的。

趙鼎新的分析可能終究還是美化了中共政權。中共統治的基礎是最赤裸裸的暴力，績效的合法性，就如同意識形態合法性，只是中共「看圖說故事」的一環，從其道德的三隻手中任取一隻，因應過去三十年的統治需求，卻也是隨時可以拋棄不用的一隻手。

中國以外的國家現今面對的經濟道德困境是，如果仍堅守其得來不易、在歷史長河中一步一腳印爭取來的道德底限，便很難在全球化的脈絡中，與無底限的中國進行「公平的」競爭。有勞動條件的底限，商品不可能最低價；有個人隱私的底限，大數據分析的範圍就被限縮；有生命倫理的底限，基因複製就不可能只是技術考量。西方主要工業國家表面上關切中國在人權與民主的表現，但對中國的相應不理，或是說一套做一套，卻未曾提出任何積極有效的做法。

中國崛起對世界的最大威脅：為求利益不顧底限的蠻荒心態

更接近真實世界正在發生中的景況，也可能讓全世界落入向下沉淪的「比下限」競賽的，是中國以外地區的人們所感知的自救與生存之道，實則是倒過來的：除非我們的做法更趨近中國一點，否則不可能與中國競爭。於是乎，一種探索「威權資本主義」的優越性的聲音便開始出現了——為何我們不能同時擁有強而有力的國家領導，同時又享有自由經濟的好處，一如中國所實踐的那樣？

但此念一起，便不只是飽受中國威脅的臺灣亡國感問題，而是人類文明是否將要傾頹倒退的末世之感了。史前蠻荒社會的人類，靠暴力相向，弱肉強食，一樣可以達成資源分配的目的，身體強健、武力強大的部落，甚至還可能達成贏家全拿的「完美」境地，何需進化為有著諸多道德約束的文明社會？二十一世紀的人類，竟還在回頭盤算這樣的問題，這本身就是對文明進程莫大的嘲諷。

但這種「回歸」的念頭，忽略了人類在嘗試與錯誤中所體現的：合作與互信，遵守契約與承諾，言論與行動有一致性，能為交換或交易的群體創造更大的價值與產值，活得更有安全感與尊嚴。中國崛起對世界最大的威脅，正在於它展示了一種若為經濟、政治與軍事勝利故，任何道德底限皆可拋的蠻荒心態。

但中國這種道德上的三隻手，真能讓中國有制度競爭上的優勢嗎？答案恐怕是未必。經濟史學家、諾貝爾經濟學獎得主諾思（Douglass C. North）認為，人類的社會與經濟制度，從長時間的大歷史來看，交易／制度成本低的社會與經濟制度，終將在歷史演化的過程中，淘汰交易／制度成本高的社會與經濟制度。今天的人們比過去更重視法治、交易的誠信、以及道德與行為的一致性，並不是現今的人類比古人更「好心」，而是因為遵照法律與契約行事、人與人之間有信任感、個人與組織的行動有一致性，有助於交易成本的降低。中國的道德三隻手，表面上看來具有機巧的優越性，但其實是制度成本最高的社會與經濟制度。在中國，人與人之間沒有信任關係，締約、執行合約、以及毀約的成本都其高無比，中國也就不可能是一個有制度競爭優勢的國家，這從中美貿易談判過程的顛簸便可以看得出來。中國的道德三隻手短線看來的優越性，主要還是其他國家在過去一、二十年間對中國心存幻想，讓中共與中國企業有機可趁，將高額的交易成本轉嫁與外部化給願意跟他們打交道的人。

無力與之競爭的亡國感從何而來？看得太短，又看不清中國道德三隻手的本質。

亡國感如何逆襲？

我們不妨做個練習，假設地球上「暫時」沒有中國這個國家，下列的三個問題，我們會怎麼回答。如果要出國留學，會去什麼樣的國家？臺灣如果要有更美好的未來，應該發展什麼樣的產業？為了要賺更多的錢，民主與自由是可以被犧牲的嗎？我相信我們社會中的多數人，對這三個問題，其實都可以認同最樸素的答案：留學要去學術領先、學風自由開放的國家，就像過去數十年來，臺灣千千萬萬留學生所做的選擇；產業要發展那些對環境友善，創新高附加價值，能夠實質改善人們生活品質的產業，就像過去數十年間，我們努力追求綠色經濟、創新經濟的轉型一樣；我們想望富裕的生活，但擁有民主與自由，是不可放棄的基本前提，就跟我們過去數十年對民主化的追求一樣。

但有了中國變數，奇怪開始變正常，市場很大成為留學原因，中國願意給特權與特許成為投資誘因，民主與自由則成為經濟發展的犧牲品。

對抗亡國感最簡單的方式，就是用我們原本相信的道德與價值，來看待與對待中國。當中國沒有道德評斷上的豁免權，我們也就不會看到中國奇蹟頻頻上演。

王盈勛
臺北藝術大學教授，著有《我反對多元文化，有時候》、《何不斗膽一下》等書。

【訪談】蔡宏政

中國特色的資本帝國是如何打造的？

——正確認識中國的實力，立足臺灣的優勢

中國崛起帶給臺灣無盡的焦慮。臺灣擁有軍隊，內政自理，然而恆常存在一個自我質疑的聲音：臺灣不是一個國家、臺灣是中國的一部分。臺灣的「中國學」，在各方詮釋權的爭奪中，拼湊起來的面目，像是一個人格嚴重分裂且行事不符合目的性的瘋狂之人。無法客觀地認識中國，致使臺灣認識自己的方式也缺乏一致性：我們時而自尊自重，時而卑弱自傷，一個面目模糊、手段詭譎的中國，催化並加劇一個精神分裂的臺灣。

在複雜的政治現實與歷史文化交織下，面對一個以擴張為使命的前現代帝國，臺灣該如何自處？

臺灣不是鬼島，實力趨近中等強國

二〇一六年七月一日，左營金江艦在甲級操演中誤射有「航母殺手」之稱的雄三飛彈，擊中正在海上作業的漁船，造成一死三傷的悲劇，對國家內政來說，這是嚴重的人為疏失、人命傷亡與軍事資源徒費，然而此事的餘波，卻使得臺灣軍事防禦能力在國際間引起注目。事故意外曝光了臺灣軍備與作戰能力，事後，美國幾次以「避免誤射事件再次發生」為由要求雄三飛彈的參數，被國防部一再拒絕，或可見這一條人命、一億造價的悲劇，在國際間引起的震盪。

「在這麼遠的距離，能準確擊中目標這麼小的漁船，這件事情國際間很少國家做得到。」蔡宏政目前任教於中山大學社會學系，主要研究領域是全球化理論、東亞區域與中國發展，談到臺灣的世界地位，他給了我們一整串數字，「臺灣人口是全球第五十位，人均GDP是全世界第十七名，還超越日韓；健保排名第二，以社會保險的制度來說達到北歐國家的福利水準；貿易是全球前二十名，我們的晶圓製造技術是全世界第一。從軍事能力來看，飛彈防禦能力居全世界第二，臺灣其實是核心國家的水準，軍事、經濟和社會民主化，在在顯示是一個中等的強國。」

「只是我們都不是這樣看待自己的，我們都說自己是鬼島。臺灣不是鬼島，絕對不是。」

面對中國的擴張，臺灣在地緣與種族上首當其衝。中國無所不用其亟地將臺灣納入「大中國夢」的敘事，與中國的關係因此成為臺灣不能迴避的問題。蔡宏政認為臺灣已經沒有不統不獨的條件，舉步維艱如此真實，「從歷史上追求獨立或變革的國家來看，臺灣的條件比它們好。上個世紀的三大獨立運動：巴勒斯坦建國、愛爾蘭獨立運動、印度的不合作運動，或是現在還在海外流亡的達賴喇嘛，相較於這些事件或民族，臺灣具備成為一個國家的所有必要條件，只是這個共同體沒有名字，在世界上我們像一個鬼魂一樣，被一個前現代的專制帝國給處處壓制。」

臺灣不是鬼島，但確實有著幽靈一樣的處境。而臺灣的「亡國感」伴隨著中國崛起而加劇加深，當中國夢無限膨脹，幽靈如佇足於火光前，存在感隨同明滅。

體內與體外循環：中國特色的資本帝國

「中國在經濟與地緣政治上的擴張意圖很真實，但是，並不就是像紅色媒體和中國在地代理人所說的那樣，中國錢淹腳目。」蔡宏政分析，「對中國經濟情勢的錯誤認識，是妨礙我們正確認識中國的主要原因。」

「二〇〇八年以前，中國經濟是靠外需拉動的，一如韓國、日本、臺灣，也就是所謂的東亞雁飛行模式。當時有一句口號是：兩頭在外，大進大出，號稱是具有中國特色的社會主義市場經濟，其實只是代表中國被整併進東亞出口導向的經濟成長模式。不過二〇〇八年之後，模式不變，中國崛起的背後，是透過源源不絕地融資給沒有效率的國營企業來創造（虛假的）內需，創造熱錢滾滾的成長假象，吸引外部資金。」

蔡宏政分析中國的經濟發展模式，認為有體內循環與體外循環兩層結構。「首先，黨控制國家機器，國家機器放款給（國營）企業，這些企業建造工程、基礎建設，必須僱用工人，那麼就能讓工人有工作、維持收入所得，進而維持其他產業生存、維持內需與GDP。透過這樣製造出來的GDP增長變成吸引外資的來源，當外國人覺得全世界都蕭條的時候，就只有中國的經濟繼續成長。二〇〇八年次貸風暴後尤為明顯，那時中國不再能以外需來拉動市場，所以它必須「創造」一個自己的內需：透過不斷地借錢給國營事業，做一堆不管會不會賺錢的建設，像中國（蓋的）高鐵，公里數一直沿伸，可是中國高鐵的所得收入，連付它債務利息的十分之一都付不起。接著，又因為社會福利制度欠缺，致使工人傾向於將所得儲蓄以供醫療、教育等需求——中國的儲蓄率是世界最高的，占四〇％的比例，所以工人儲蓄的錢再回到國有銀行，而通過銀行體系，又再回到國家機器，完成體內循環。」

僅只透過這種自體循環過程所創造出來的經濟力，並不足以支撐中國狂進發展，是以，中國經濟還需要第二層的體外循環，來確保資源與熱錢如活水般持續灌注進第一層的體內循環經濟。二〇一三年九月，習近平提出一帶一路的國家發展策略，一帶是「絲綢之路經濟帶」，一路是「二十一世紀海上絲綢之路」，這本應是對區域經濟與區域結盟的合作想像，但在具體實踐上，經過數年的發展，卻顯得掠奪多於協力。

「一帶一路是中國的體外循環，也是它確保資源能不斷流進國內的手段。中國選擇營運不佳的沿線國家去蓋鐵路、工廠、港口，與國際貨幣基金（IMF）、經濟合作暨發展組織（OECD）、世界銀行（World Bank）挹注融資的邏輯相反，中國不看還款效率與能力，也不在乎你的人權紀錄，其中一個最典型的例子就是漢班托塔港（Hambantota Port），它把原料、勞動力整船整船從中國運來，蓋一個港口給你，斯里蘭卡欠給中國的債務，很快就還不出來，違約的結果，港口必須租借給中國九十九年。中國得到一個租界，這是百年前英國用來對付過中國的方式，它現在用同樣的方式去擴張地緣的軍事力量、維護能源通路安全不斷；一帶一路基本上就是利用全球的金融融資，來擴張中國的資本循環、確保原物料的輸入。」

經濟成長倚賴資本投入，以投資帶動運轉、而非以效率驅動；政府有沒有辦法源源不絕地供給資本，便成為體系是否會崩潰的關鍵節點。設若資本供給出現危機，原先靠著融資、舉債支撐的體內循環的鏈結便會被切斷。「中國特色經濟最強大的地方正好掩蓋了它最大的弱點：以債務來投資（能成功）的前提是，你借來的錢都有好好營運，中國有許多殭屍企業，國家命令銀行不斷借錢，無效投資愈來愈高，債務終有一天超過國家所能承受的載量。ICOR（Incremental Capital Output Ratio[1]）是衡量投資效率的重要指標，中國的ICOR在二〇〇七年後大幅上升，足見缺乏效率的投資，已成為中國經濟發展的隱憂。」

經濟危機催動政治不安定

在持續有熱錢挹注的情況下，債務一時不成問題，反之，則可能如推倒骨牌般引起一連串的體系崩潰。更嚴峻的挑戰，是國際局勢帶來的影響。蔡宏政談到美中貿易戰，「美中貿易戰的邏輯是從貿易到技術，再從技術到金融，操作的重點有兩個，首先是美國在技術上掐住中國供應鏈，再來，利用關稅迫使供應鏈遷出中國，外資也會跟著遷出，如此一來，美國逆轉原先去工業化（de-industrialization）的問題，而中國政府融資資金鏈則會斷掉，國內債務便有可能爆發——也就是我們剛才提到的『當政府沒有辦法再源源不絕地供給資本』發生了，體質不良的殭屍企業無法再倚賴國家挹注。」

一九九四年的分稅制[2]與一九九七年的抓大放小[3]兩個政策，前者使中國經濟改革的成果，收攏到中央政府手中，附帶的效應是地方必須自籌財源，而產生了地方政府公司化的結果；後者則讓中共得以集中控制資源，把國營企業養成巨型企業，「像是中海油、中石油、中石化，這些國營企業的老闆全是政二代。當國內政經情勢開始動盪，握有集中財富資源的人開始恐慌出走，餘下的廣大人口卻缺乏消費能力，內需便不可能提高。」事物皆環環相扣。蔡宏政說，從歷史觀點來看，「同樣是社會主義國家要走向開放市場，蘇聯在改革開放的過程中，內需是上升的，或是與相對也曾屬於社會主義國家的巴西或印度相比，內需都有達到七〇%，幾乎接近資本主義國家的水準，中國卻是持續下降的（四九%下降到三四%），為什麼會這樣？就是貧富差距。所謂的『北上廣深』[4]，經濟發展的財富都集中在這些重點城市與少數人身上，廣大的人口是沒有消費能力的。」

「中國要走出困局，只能提高內需，然而中國的發展困難正在於貧富不均，這是長期以來經濟發展的代價，代價終有一天要支付，而現在時間可能愈來愈接近了。日本與美國爆發金融危機時，債務占GDP的比例約一．七到二．二倍，中國現在已經到二．五到三倍之間，在這樣的一個前現代性的世界帝國，一旦爆發金融危機，引發政治危機的機率是很高的。」

看出這個裂解危機的包括中共自己人，而危機又構築新的危機。「中國的財富集中在人口的三〇％、大部分的財富集中在人口的五％。當這五％的人開始感到不安，當這個財富集中的階層，開始透過各種管道把錢往外送，中國潛在的資金壓力便更大。香港是中共政二代與富人洗錢的首要管道，為什麼習近平要推送中條例？可能初衷也不是為了抓香港人。諸此種種，顯示中國對於資本控制愈來愈強烈，暴露的是其內部的危機。」

中美雙核心帝國？中國挑戰美國的瓶頸何在？

「這也是為什麼我說，中國想要挑戰美國的全球霸主地位，還遠遠不是對手的原因。」中國整體發展的趨向與脈絡，確實可見成為另一超強核心國家的意圖。蔡宏政接著從世界史的角度，分析美、中兩個國家，目前在世界政經位置上的差距。

「一九四五年戰後，美國擁有全球七二％的黃金，也擁有世界二分之一的工業生產能力，所以它必須把錢送出去，才能讓別的國家有錢買它的東西。針對擁有殖民地的前核心國家，它授以金援，條件是這些國家必須放棄殖民地。又來到被殖民的國家，說服使其經濟獨立需要美國支援以進行工業化，重整了國際秩序，同時還推銷了自己的技術、產品、人力。經此，美國完全掌握了這些國家工業化的進程。而美元如何成為強勢貨幣？比方說日本製造商品，賺了美國的錢，要拿熱錢再去投資，國家級的投資第一要務都是講求安全，選擇風險很低的產品，全世界風險最低的投資，就是美國的一年期的國債。一九八〇年代，日本累積很多美元之後，全部拿去買美國的國債，美國人曾經很自豪地說：『日本人做了很多的冰箱、電腦、冰箱給我們，我們只要印一堆紙給它就好了。』是以美國擁有很強大的金融能力，也因著這個力量，可以純粹依賴借款，源源不絕地使用世界的資源，這個力量沒有任何一個國家可以取代，其形成有歷史上的必然。再說到波斯灣戰爭，伊拉克侵略科威特，獲得出口港和世界七〇%的石油輸出量，掌握了一桶石油換多少美金、可以影響美元貶值的能力，美國遂直接採取軍事行動，這個例子意味著你要管全世界的經濟，就要（有能力）管全世界的政治和軍事，也正是這個原因，讓人民幣無法成為取代美元或是與美元相等強勢的流通貨幣。」

也就是說，在三個不同層次上：「軍事力量，中國至少與美國差兩個世代的距離；就製造業的技術來說，所謂的紅色供應鏈，最先進的發展不過取代臺灣的製程技術；金融能力、消費能力，中國也無法與美國抗衡。再次強調，除非中國內部的消費力能提高，否則依照二〇〇八年以後以投資、舉債來發展經濟的模式，國內遲早會有金融風暴發生。我在二〇〇三年就在談這個問題，但就連學界也無法理解，多數人認為所謂的挑戰霸權就是軍事，不然就是GDP，怎麼會去談內需？如今美中貿易戰卻恰好證實了這點。所以，就資本積累、全球經濟、全球軍事等三個指標面向，我認為中國還無法挑戰美國。」

社會信任基礎足夠，經濟才能更上層樓

然而也有人提出相反的觀點。暫且按下倫理性與進步價值的質疑，「中國特色的社會主義經濟」，是否具有它的優越性？當一個強大的極權國家，透過民主社會不能想像的手段，無所不用其極地貫徹它的意志，是否可能靠著這個強大的國家機器度過資本主義的內在危機？甚至成為一種新的經濟典範？在臺商身上，因政策朝令夕改、翻臉不認而蒙受巨大損失的例子不勝枚舉，中國社會缺乏互信基礎，不只是人與人之間，更巨大的鴻溝還在人與國家之間、產業與政策之間。既然國家要對人民、對企業、對資本做什麼都可以，反過來說，中國的金融危機與資本短缺的問題，有沒有可能最終不成為問題？

蔡宏政從世界體系理論講起，來回答這個問題。「在資本主義體系之前，是世界帝國體系。而在一個帝國／帝王的統治下，資本家是『無所逃於天地之間』、移動不出帝國的疆界之外的，相較於此，在資本主義世界中，資本家可以遊走，有轉移資本與投資的自由。中國是一個非常前現代的國家，中國治理的方式是傅柯所謂的死亡政治，而非生命政治。前者是以直接的暴力壓迫、威嚇，禁止人民做統治者不希望你做的事；後者是透過消費、享樂、藝術欣賞，讓你自願地做出權力者希望你做的事。在治理與控制上，中國整體而言，並沒有發展出細緻的路線，用臺語來說，就是不夠『幼路』（精緻）啦。你覺得它多麼有辦法，手段多麼粗殘，但你認為像 Google（這樣的公司），是可以這樣控制的嗎？」

蔡宏政表示，在現代社會，更高層次的創新與商業發展，仰賴於更高層次的治理技藝。「拿高科技產業來說，如果工程師們不樂意地、被逼迫著從事工作，他們要去搞怠工與破壞是很容易的。一個社會缺乏信任系統、總是直接暴力相向的結果，就是造成內部統治的不安定性，以及，沒有辦法往更高層次的經濟體系發展。」

資本主義的本質是資本積累，它的想像是：當每個人專門做自己最擅長做的生產活動，通過交易，就能創造集體最大的效益。「然而，自由主義市場論者避而不談的是，資本積累效益最大的時候，是壟斷，技術的壟斷、金融資本的壟斷，而壟斷需要國家的司法公權力來保障。中國所有的國營企業，包括外資，都知道公司要設『黨組』，這不是什麼社會主義遺緒，這就是國家機器的手赤裸裸地伸進企業中。而這裡面既會有統治者去動員國內所有一切的金融資源來維穩，也會有它的反對力量來跟它作對。」

「中國這種方式會讓什麼人覺得很爽？絕對不會是勞工，但凡讚頌它的，多半是因為這種壟斷而得到利潤。這裡頭有資本與國家的雙重壓迫。中國（模式）是不是一種好的資本剝削與積累方式，能不能成為全球的典範？當然沒辦法。你看它要用這種方式去印尼蓋高速鐵路，就被印尼抗議，去緬甸蓋水壩，緬甸的環保運動就跟它槓上了啊。」

而在蔡宏政信手拈來的另一個例子中，更可以看出「搭上國家機器的霸王船」，非但不是「中國獨創」，而早有許多國家做得更久更深。「一九八〇年代開始，石油國家把石油提升三倍的價格，賺了很多美元之後，又去買相對穩定的美國國債，熱錢又回到美國手中。在這種金融遊戲中，美國銀行找上發展中的拉丁美洲（去）借錢，銀行打的算盤是：『借給人和公司會倒，借給國家不會倒』，結果後來證明是錯的，國家也會倒。那銀行敢去跟墨西哥政府要錢嗎？它只能回頭去跟美國政府說，墨西哥還不出錢我會爆發金融危機，連帶拖垮美國經濟，於是由美國通過ＩＭＦ融資這些國家還錢給商業銀行，商業銀行脫鉤退場，美國掌握這些國家的債務，順便重塑其產業型態。要你工業化就工業化，要阻擋你的工業化進程，就阻擋你的工業化進程。」

「當資本家跟自己的祖國結合得最好的時候，就是資本力量最大的時候。對中國的判斷，一定要放回資本家與國家的關係來看，資本主義和國家，本來就是同一組命題。不是只有中國會國家介入而已，國家介入、資本與國家結合，這種事本來就一直在發生，只是有些國家操作地更加細膩，而中國相對粗暴，容易被觀察到。回到中國特色的社會主義是不是一條出路的問題，我認為因為上述的種種原因，這樣一個前現代的國家，即使有這麼強力的、全方位的國家機器，都不夠維持其內部金融與政治秩序的穩定了。還有內部鬥爭的問題，比方說這次香港的反送中運動，也有傳言說是反對習近平的力量在背後運作。」

經濟的更上一層樓，需要社會的分工，社會的分工需要每個人的自由度都再更大一點、需要社會信任基礎，「我認為中國的模型走到現在已經耗竭了，走不出來，所有的政治風險都集中到政治局的手上，那七個人怎麼可能懂所有的事情？如果是農業社會的生產分工還有可能。中國政府債務是GDP的二．五到三倍之間，超過日本九〇年代，以及美國次貸危機時的比例。中國並沒有真的像臺灣人想的那樣中國錢淹腳目。你說中國人很有狼性，所謂的企業家精神，但消耗了、掠奪了社會信任的基礎，終究要付出代價。」

說假成真之力：銳實力[5]使臺灣看不清中國真相

蔡宏政說，在這一點上，臺灣社會的信任基礎，遠比中國來得厚實。可是他認為，在臺灣，基本上很難真正地認識中國，還有一個原因。

「除了在地政治代理人的問題，還有墮落的媒體。有一些錯誤概念被放大了，我們對於中國的分析其實是有問題的，比方說，在談論服貿議題時，媒體告訴你，一個美髮業者去中國就可以理十三億人的頭，可是它不會告訴你，你去中國會有十三億競爭者。」

二〇〇九年，中國宣布投入四百五十億人民幣，展開中國對外宣傳大布局計畫。這個打著和西方爭奪話語權旗號、「說好中國故事」的行動，簡稱為大外宣，經過十年後成績斐然。中國透過購買媒體、創立孔子學院，以看似自由、實則掌控在國家手中的資本，侵入大眾與流行文化，無孔不入地重新打造中國的形象。[6]受中國資金影響的媒體，成為中共宣傳機構在臺灣的延伸，經年累月餵養故事。蔡宏政舉觀光業／陸客來臺的爭議做例子：「中共拿開放對臺旅遊的名額當成是一種利多，透過特定媒體日夜放送，又在關係緊張的時候，收回這樣的『利多』，形塑一種以商圍政的輿論。實際上，我們怎麼不談臺灣一年有多少人去中國旅遊？是臺灣人在中國消費高？還是陸客在臺灣消費高？一個自由的媒體，有獨立精神的媒體，應該是去深入探究『陸客來臺觀光』這件事到底給臺灣經濟帶來多少成長的實惠，如果媒體真的深入挖掘真相，就會發現即使在陸客人數衝高的時候，實際上都是在壓縮臺灣在地的觀光經濟利益。」

「與其說中國是社會主義國家，不如說它是農民民族主義（peasant nationalism）的國家。走了一百年，中國重新回到『中國認同』，而這個中國（共產黨）認同的竟然是古老帝國：法家的專制文化。它所嫻熟的技藝，或足以震懾於一時，卻很可能並無法因應與提供足夠的養分，使社會與經濟發展更上一層樓。」

「以近況來說，我們該怎麼解釋反送中這個事情？中國聯合香港的政經菁英，認為香港已經是它囊中之物，因此可以為所欲為。因此反送中這股力量的來源是它無法理解的，它來自公民社會的互信：對公共利益有一個共同的認知，才能做這種團結。我們的社會信任比他們好很多，他們最缺乏的就是信任，而所有的金融發展靠的就是信任，所以他們更高層次的經濟體系、創新、金融工具是做不起來了。臺灣在社會團結的價值基礎上，絕對遠勝於中國。」

善用臺灣自身戰略優勢，與各國維持等距外交

「我們習慣從陸地的觀點出發，會認為海洋是阻礙，陸地才是物資、資訊、人才流動的地方。但是當你從海洋觀點出發，所有的列島與港市都是物資與人員流動最重要的節點，海洋在商品、人才、資訊流動的優勢並不亞於陸地，特別在全球化的世界。而臺灣正是在一個非常樞紐的地位。」蔡宏政提出海洋東亞觀點[7]，並更進一步說明在世界政治上，臺灣具有重要的戰略地位：「臺灣如果被美國控制，就是一個入侵中國的戰略要地，總的來說，臺灣的世界政治版圖優勢，就是每個國家都要來用你、侵略你，當成是打另外一個國家的跳板，但是臺灣的麻煩也在於此。所以你說，即使中國民主化之後，它會放棄統一臺灣嗎？我認為不會。臺灣就是一個權力槓桿的位置。」

蔡宏政說，外交上，臺灣應善用自身優勢。「要把自己轉變成，我靠哪一個強國，另外一個強國就倒楣的位置。要有交際手腕、要與各國做等距外交，像是新加坡在與東協各國的平衡上一直做得很好，臺灣有條件做得比新加坡更好。臺灣本身要運用這種各

國都要的能力，我們跟中國不一定要敵對，但也不能像現在這樣過於在經濟上依賴中國。包括結交盟友，也不能只與美國保守派來往，應當發展與敵人的敵人的關係，需要兩手策略。」

「中國是一個它對你硬，你要比它更硬；它對你軟，你要比它更軟的國家。不然它就會軟土深掘，就像現在臺灣內部無孔不入的中國因素。所以臺灣要維持軍事力量，這一點，我們要靠美國。但臺灣人不能期待美國人來幫你打仗。所以一個重要的問題是：臺灣有沒有準備好替自己的政治自主性上戰場？臺灣發展的歷史上有很強的殖民現代性，一九三七年，透過工業化臺灣的過程，從邊陲上升到半邊陲，這道發展的軌跡是拜殖民者所賜，但在臺灣本土認同與民主政治上，臺灣人一次一次主動付出代價，在政治認同與現代性上做了選擇。中研院中國效應小組每年都做調查：有七成的臺灣人願意為了捍衛臺灣主權上戰場，這裡存在一個悖論，那臺灣為什麼還有這麼強的傾中的力量？」

戰略性面對中國，以制度奠定共同體基石

要回答這個看似矛盾的問題，或是在政策、外交上有變革突進，政府各部會都要分工，要有預算下來，去做中國與臺灣社會的研究。然而臺灣一直沒有一個運作得宜的國家機器，只有不斷算計短程選票的政黨人物。「藍的不做，綠的也不會做，臺灣的政治人物很少在思考戰略布局，他們通常都只做個人的戰技表演，政治應該是一種志業，但在臺灣是演藝事業。」

如果中國是一個詐欺犯，對整個世界用利誘威脅的方式兜售它虛幻的中國夢，臺灣就是它的下線。中國如果崩潰了，臺灣同樣暴險其中，且恐怕會承受最直接一波的衝擊。蔡宏政認為，政府早應有長遠的戰略布局規畫，在經濟風險上，「臺灣政府應該盤點與統計赴中經商的臺灣人資金與公司現況，並且不應便宜地、被動地接收現成的資料，而應該親赴各地臺商總會清查，這樣的統計數字才有意義。接著，應該針對國人在中國投資資金做壓力測試。假設以媒體日前公布的數字來看，臺灣人在中國投資資金高達一兆八千億人民幣，當人民幣劇烈貶值，臺灣是否會被捲動進去，同時發生金融風

暴？又，在中國內部危機升高的情況下，如果中國緊縮對於臺灣資金的管控，臺灣的錢回不來，中國的呆帳就會變成臺灣的呆帳，這才是亡國感應考慮的事情。」

此外，蔡宏政強調，「我們需要以制度性的設計來凝聚共同體認同。我們需要有一個共同體的認同，而建立這個認同的物質基礎，需要透過制度性的安排。舉例來說，健保、長照、稅收等等公共議題，它無涉於高層的政治，卻是居住在這塊土地上每一個人切身的議題，透過對這些政策做公共討論與辯論，有助於茁壯對於共同體的想像。公共政策審議就是這樣的制度，討論久了審議久了你就會知道那是自己的事了嘛，那誰是這個『自己』？誰又不是？你在用健保的時候，你就是很清楚地知道你是哪一邊的人。」

蔡宏政對未來一代的年輕人抱有期待。「我覺得年輕一代的人是有潛力的。他們對中國沒有經驗，我們的經驗是來自我們讀的書，從小就被教育成要當堂堂正正的中國人。可是你們這一代不是。可惜的是，你們是被統治者，現在的經濟與政治掌握在我們（年長一輩的人）手上。假如今天沒有中國的威脅，隨著時間過去，社會組成就會自然而然地改變，這也是為什麼中共一直強調臺獨問題不能拖，因為真的會長出一個完全不一樣的民族。在中國，結合科技發展，史上第一次國家的暴力穿過縣城，透過戶口制度，直接到每個人的身上，是前所未見的極權國家。中國曾有一派知識分子對此提出反對意見，但八九年的鎮壓讓這一派就此沉寂。一百五十年來死了那麼多人，民主的最根本的價值沒有辦法在中國的公民社會裡面生根，非常令人悲傷。」

鄭南榕說過那麼美麗的一句話：「我們是小國小民，但我們是好國好民。」當中國崛起與臺灣內部的民主轉型、民族認同同時發生，當「永遠續習」與香港的背水一戰同時存在，回到這篇專訪的核心：唯有嘗試正確地認識中國、公平地認識臺灣，在亡國的惘惘威脅之外，在臺灣與中國的關係中，在眾聲喧嘩卻又莫衷一是的政治演出中，才能辨識自己的位置，求取去向的線索。

（採訪撰文：周孟謙）

蔡宏政

中山大學社會系教授兼東南亞中心主任。研究領域為全球化理論、東亞區域發展、中國發展、人口與社會政策、全球化與知識結構變遷、審議民主。

注釋

1 增量資本產出率，指增加單位總產出所需要的資本增量率。生產增加所需的資本愈低愈好，亦即增量資本產出率愈小，投資效率則愈高。根據中國經濟學者在二〇一四年提出的警告，「中國的浪費和無效投資在驚人地增長。」（徐策、王元，〈防止低效與無效投資造成巨大浪費〉，《上海證券報》，二〇一四年十一月二十日）

2 一九九四年中共實施的稅制改革，將大型國有企業與占主要財稅收入的稅別都劃為中央稅種。

3 一九九七年對國企實施戰略性改組，「搞好大的，放活小的」，將最大型、最有競爭力的企業改組成企業集團，納之於國家控制。

4 指北京、上海、廣州與深圳，中國經濟實力最強的四座城市，每年排名略有前後變化。

5 美國國家民主基金會在二〇一七年公布的報告，提出「銳實力」（Sharp Power）與「軟實力」的差異，後者透過文化傳播，增強本身的吸引力或說服力，前者卻利誘與威脅並施，金錢與棍棒齊下，形塑輿論，必要時壓制負面議題及問責言論，來服務國家發展，或利於橫施威權。

6 何清漣於二〇一九年出版的《紅色滲透：中國媒體全球擴張的真相》一書中，有一個章節在談中共政府與臺灣媒體之間的關係，書中並引述美國自由之家歷年公布的《世界新聞自由度報告》，佐證臺灣新聞自由度的升降，與臺海關係變化有直接相關。出自何清漣，《紅色滲透：中國媒體全球擴張的真相》（新北市：八旗文化，二〇一九），頁一五八。

7 Maritime East Asia，以東南亞諸列島為地理範圍、以東亞文明發展為歷史縱深的全球化研究觀點。可參考蔡宏政在二〇〇八年八月二十三日的專欄：〈蔡宏政專欄：海洋東亞中的香港與臺灣〉：「……好或壞，港臺人民其實是活在「海洋東亞」（Maritime East Asia）的歷史熔爐之中。相較之下，中華帝國則是在通商口岸畫定租界，把蠻夷勢力當成非洲豬瘟一樣，隔絕於帝國禮教之外。」

望向終局始有新生

——亡國感是否能驅動臺灣破繭而出？

宋承恩

生命會逝去，一個國家或共同體同樣會滅亡。古往今來帝國勃興爭鬥，征服兼併鄰國，繼以裂解，終至覆滅，有如浪淘岸沙。

但我們談的「亡國感」不是指實體的覆滅，而是一種望向終局末日（doomsday）的眼光。它並不是全然悲觀的，因為同時孕育了嶄新的生機；論感受，它自然包含面對命定的焦慮與悲嘆，但可能同時帶有往者已矣，唯有嘲笑命運努力向前的巨大動能。

哪裡有壓迫，哪裡就有反抗。十月四日港府引用殖民地時期的《緊急情況規例條例》（簡稱緊急法）制定《禁止蒙面規例》（又稱禁蒙面法），四個月餘的人民抗暴眼看即將面對更加強大的鎮壓，香港各地示威民眾群集宣讀《臨時政府宣言》，宣告政府一切之權力，乃源於人民之賦託。政府若不為人民所立、所治、所享，則人民有權將之推翻：「推翻破舊之物以建更美好之物乃必然之事，此為人類進化之本。」

這是亡國感的終極宣言：宣告人民過去所認識的香港，那個在《中英聯合聲明》與《香港基本法》文字上所保障的香港已死，而人民將拿回自己的權利，催生新的香港。一場謹守界線，「拿回所承諾給我們的自由」的運動，終究在執政者的「以暴制亂」下，被逼上決戰點。我們很難想像那些立下遺囑，在街頭以肉身抵擋國家暴力的年輕勇武派，心中沒有極深的亡國感，那種退此一步即無死所，今日必須捨我其誰，為自己的未來而戰的悲壯，甚至不惜誘敵攪炒，同歸於盡。但正是在對既有秩序幻滅的覺醒下，蘊藏著新生的契機。

這，是亡國感的逆襲。

各取所需的芒果乾

回到臺灣，亡國感淹沒在政治人物的唇槍舌戰，徒增虛幻。

二〇一九年元月二日習近平於「告臺灣同胞書」四十週年談話中，定調將依照「一國兩制臺灣方案」，實現和平統一，徹底否認臺灣主權與國家地位。這是在二〇一八年底選舉本土政權大敗後的躍武揚威，彷彿對二〇一六年來的強力打壓、經濟融合與資訊戰的總驗收。對此，蔡英文強力回應，臺灣絕對不會接受一國兩制，她將捍衛臺灣人民所珍惜的價值與生活方式。在民進黨初選出線之後，她把競選連任的主軸定調為「抗中保臺」。

隨著選戰的白熱化，藍營對蔡英文的競選主軸提出嚴厲的批判，認為她在販賣亡國感，挾持中國的外部威脅，在選民之間製造恐懼，爭取同樣有危機感的民眾支持，藉以號召選票達成勝選目的。依照藍營的邏輯，中國對臺灣的各種打壓，無一不是因為蔡政府的「挑釁」，其中最大宗是「不接受九二共識」。對此，蔡英文回應以，「亡國感是國民黨炒作出來的」。

到底，亡國感是政治人物口水戰所炒作的選舉議題，還是真實的存在？如果說訴諸恐懼是選舉的伎倆，的確，兩黨的手都不是清潔的。過去，國民黨在選戰緊急時，動輒以「中華民國要滅亡了」號召選民團結，親手向中華民國開鍘了無數次。但是，亡國感的另一層意義，是自由民主價值、制度與生活方式的侵蝕與淪喪。

亡國感來自對當前生活方式受到侵蝕的真實憂慮

二〇一九年九月二十四日晚間，在立起幾個小時之間，文化大學聲援香港反送中運動的連儂牆，文宣遭到撕毀。動手的學生大聲咆哮，將制止的學生扯下臺階，並與其他支持者爆發肢體衝突。三天後，中山大學連儂牆上的海報與紙條，被來自中國的遊客撕下。學生會的幹部上前制止，表示版面開放給各種立場的意見，若有不同觀點大可把反對意見貼上來，卻不被理睬。二十九日，香港歌手何韻詩在臺港大遊行前接受媒體聯訪時，遭中華統一促進黨人士從後方潑紅漆攻擊。涉嫌的統促黨人士有黑道背景，過去也曾向持不同立場的人，發動攻擊。

在臺灣，和平集會或其他方式的意見表達，遭受干擾甚至暴力威脅，其實不是第一次，二〇一七年針對原訂在臺大田徑場舉辦的「中國新歌聲」演唱會的抗議行動結束後，學生在校門口遭到愛國同心會與統促黨成員追打，頭破血流。

如果有一天，人民表達意見、參與集會、上街遊行，不再如呼吸一般的自然，而是必須顧慮是否有「持不同意見人士」會集結叫囂，揮拳相向，威脅攻擊，有所避忌，這樣的臺灣就不再是我們今日所認識的臺灣，我們目前所享有的生活方式，將不再相同。

正如電影《返校》所言，「我們現在擁有的一切，其實得來不易。」

亡國感不是虛無漂渺的悲嘆，也不是本土政權刻意建構的危機意識，用來吸撈選票以維繫執政地位。亡國感也不是憂國憂民的覺青專利：你不需要對國家地位、國際政治有所研究，因為在工業化之後，國家老早就在你身邊；在數位科技無遠弗屆、資本自由流通、人的移動逐步解放的後現代，甚至外國政府也在你身邊。亡國感並不遙遠，是對當前臺灣自由民主生活方式受到侵蝕的真實憂慮。

在臺灣的具體情況，是人民好不容易透過民主改革，贏回自己的國家，藉由文化提升，包括找回與進一步形塑臺灣的主體意識，擁有自己的自我統治，建立了自由民主的制度與生活方式。這一切，如今卻面臨流失的威脅。

欲破繭而出，先要認識威脅：生活方式流失的威脅，源於外部的打壓，也來自內部的滲透。

臺灣的國家缺位

臺灣是不是一個國家，難道已經被談到爛？許多年輕人跳進虛無主義，高談「統獨是個假議題」：照他們看，若是按照統獨立場投票，並不會對臺灣的國際地位，有一絲一毫的改變。真的如此嗎？

同樣，也許因為距離太遠，臺灣在國際上處境艱困，只有在特殊的環節，人們才會有感。

生活在臺灣，完全不會感到自己的所在不是一個國家：我們有自己的領域，獨立的國防、海關、入出境管制。自己選出自己的政府，自我治理。政治文化上，民意優先，人民享有言論表意、集會遊行的自由，媒體多元，公眾討論活潑，自由度在世界名列前茅。多元文化與寬容少數已逐步漸進，政府可稱代表全民，並有對外交涉的能力。人民使用的醫療資源更是世界最佳，為全世界人士所稱羨。這些不但是臺灣人民的日常，也是來自國外友人訪客的親身經歷：一旦踏上臺灣的土地，聆聽人們的互動，社會的脈動，每個人都會從心裡說：「啊，這裡是臺灣。」

但在「走向國際」的場合，臺灣人民會痛苦地感知，自己的國家不被其他國家及世界社群承認接納。陳水扁當政期間，每年都嘗試回到或加入聯合國，每年都嚐到失敗。

近年來，戰場轉到聯合國的專門組織，例如世界衛生組織（WHO）。臺灣原本每年獲得WHO總幹事長的邀請，得以觀察員的身分，「中華臺北」的名義，參加世界衛生組織大會（WHA）。但自二〇一七年起，不再接獲邀請函。發言人林德梅耶（Christian Lindmeier）指出，WHO自二〇〇九年邀請臺灣以觀察員身分出席WHA，係基於「中國與臺灣之間的諒解」；在聯合國體系，代表中國的是PRC政府，就臺灣能否出席WHA會議，中國可以全權決定。中國方面講得更加露骨：臺灣過去受邀以觀察員身分出席WHA會議，是因為經過中國政府許可；臺灣蔡英文政府不接受「九二共識」，此項前提與基礎已不復存在。

翻成白話文，臺灣在WHO的地位，完全看中國的臉色，不論是參與大會，專家的技術會議，資訊的傳遞，人員的往來接觸，全看中國的安排。儘管每年與臺灣友好的國家，皆會仗義執言，陳詞健康無國界，且不涉政治，國際社會應有智慧找出臺灣適當的參與模式，以免二〇〇三年的SARS防疫破口再次出現，中國仍不為所動。當談到中國的主權，大是大非是沒有人道考量餘地的：當臺灣發生九二一大地震，全世界各國政府忙於安排救援能量的支援時，唯獨中國向世界要求，與臺灣的接觸與援助必須先經過北京政府同意。

就連進入聯合國相關組織參觀，也會受阻於不獲承認的問題。臺灣護照，聯合國是不接受的。過去，伴隨著主辦單位的邀請函，我國人民還能進入聯合國內參與周邊會議。後來，聯合國要求在臺灣護照之外，申請人另行出示聯合國會員國政府所核發的身分證明文件。例如持有美國駕照的人，仍能入內參觀。二〇一七年一月，聯合國總部首度張貼公告，建議臺灣人改持中國所核發的「臺胞證」換證始得進入；此一情況已擴及至聯合國專門機構與組織，例如國際勞工組織（ILO）與糧農組織（FAO）。

由不承認臺灣護照到認定「臺灣是中國的一部分」，中國利用在聯合國內的優勢地位，藉「參觀聯合國」的槓桿，誘使臺灣人在海外主動提示中國所核發的證件，形同向國際組織提示自己的國籍是中華人民共和國。

行筆至此，不得不提一下二〇一八年八月推出的「臺灣居民居住證」：訴求在中國生活性的便利，鼓勵旅居中國的臺灣人民申領在外觀、編碼、數位化等方面與中國公民的身分證一模一樣的身分證明文件，等於誘使臺灣人自認為中國國民，接受一個原本與其在出生、戶籍、稅籍皆毫無關係的國家的管轄。

但是從中國的政治邏輯，這些都是講得通的：臺灣本是中國的一部分，臺灣人當然也是中國人，儘管事實狀態是，位於北京的中華人民共和國政府，從未統治臺灣一時一刻。

其他否定臺灣主權的行為，其實不勝枚舉：從強奪臺灣的邦交國、壓迫跨國企業更名、對臺灣公民處以顛覆國家政權的政治性罪名、自第三國強押臺灣嫌犯回中國受審、從學術資料庫中抹除臺灣、對藝人進行愛國審查，措施已由外交進到人身自由與安全，再進到思想審查的層次。

捍衛生活方式有賴每個人的政治選擇

你不碰國家地位問題，國家地位會找上你。但為什麼大多數人對臺灣的國家缺位無感？可能的原因包括不常遇到、遇到了也無能為力，還有這已經是長期性的問題，令人麻木甚或生厭。

另一個把事情弄複雜的因素是，相較於其他社會議題，國際問題需要對其成因及相關因素多一份研究與理解，才能找到解方的線頭。以WHO的參與為例，突破無法與會的困境，解方究竟在迎合中國意思，向中國尋求諒解或合意？還是應在國際場合堅持國格，拒絕中國為臺灣量身訂作的模式？主張與中國和解的，必須回答為什麼二〇〇九年所取得的表面上「突破」，可以因為中國心意變更而轉眼被沒收？這樣的情形是否對國家有利？主張堅持國格者，則必須要有長遠的眼光，並願意長期辛勤耕耘。不巧，在臺灣的國內政治，遠見與時間都是奢侈品。

但大多數人未能理解的是，追根究柢，突破臺灣國家缺位困境的鑰匙，其實與每個人的政治選擇息息相關。也就是說，統獨不但是個真實的，影響每個臺灣人生活的議題，而且它的解方就在每個人透過民主程序作成的政治選擇。

為什麼這麼說？臺灣的國家缺位問題，核心關鍵只有一個：釐清相對於中國，臺灣是不是一個國家。現實上，要在國際以國家對國家之姿向中國挺起腰桿，需要極大的能力培育與承擔壓力的準備，最大的後盾，就是臺灣人民的國民意志。

在真實世界，臺灣人國民意志的展現，一是民意調查，二是選舉。歷次的民意調查結果顯示，臺灣人是相當務實的：絕大多數的人都認為臺灣是個主權獨立的國家，但同時又不希望跟中國把關係鬧僵。而在臺灣的意見市場上，仍有相當多的人民，基於大中國意識形態或認同、經濟前景、局勢判斷、或者因為接受中國文化融合的宣傳，並不認為臺灣與中國是兩個不同的國家，甚至支持統一、或不排除未來在某些條件下與中國統一。心存這些選項的選民，造成主張對中國依賴、與中國融合的政治主張，在臺灣仍有市場。

這是為什麼在香港抗中運動之後，全世界會把眼光轉移到同樣處於抵抗中國擴張第一線的臺灣。而國際觀察的焦點，勢必放在蔡英文的「抗中保臺」訴求是否能夠帶來勝選，主張與中國和解的候選人所得到的支持度，以及其他因素例如經濟及中國介入的角色。不管喜不喜歡，臺灣二〇二〇年大選就是一場主權的保衛戰。

剝削國家缺位的反作用力

國家缺位在臺灣二〇二〇大選，應該只有幽微的角色。我們對亡國感的理解，也不能放在臺灣的國際困境。經驗顯示，中國剝削臺灣國家缺位弱點的外部打壓，即便搞得風風火火，卻也有其反作用力，在某些時點不但不能收震懾之效，反而如同伊索寓言裡的北風，激起臺灣人的抵抗意志，擺盪向抗中的一端。

周子瑜事件就是一個例子。二〇一六年大選前夕，黃安在新浪微博以周子瑜揮舞中華民國國旗的影片，舉報其為臺獨藝人，引發中國民間的抵制。在經紀公司的壓力下，周子瑜以錄影方式「被」道歉，在臺灣引發眾怒，據臺灣智庫所做民調，約影響了一%選民的投票。蔡英文當選後，聲言只要她當總統一天，沒有人需要為他的認同而道歉。

東奧正名公投，是另一個例子。第二階段的連署，原先進展並不順利，直到二〇一八年七月間，東亞奧會在中國策動之下，決定取消臺中的主辦權，引起臺灣民眾極大的反彈，連署數目才急遽增加。雖然最後的結果，贊成以四百七十六萬多票，不敵反對的五百七十七萬多票。但關鍵的因素，應該是中華奧會聲言該案將導致其被剝奪會籍，選手無法在國際賽事中出賽，影響了許多人的決定。

面對臺灣二〇二〇大選，北京似乎記取教訓。二〇一六年民進黨完全執政後，中國藉口蔡英文不接受九二共識，對臺灣祭出前述一連串外交打壓措施，並配合在地協力者的運作，在二〇一八年選舉給予民進黨重創。這些秀肌肉的展現，在二〇一九年初暫時平息，似乎深怕用過了頭，反而激起臺灣人民的抵抗意志。這並不表示中國停止對臺灣選舉的干預：透過宮廟、地方組織、及媒體的運作，中國影響臺灣民意的動作，從不停歇。這也不表示在必要時，中國不會動用外交的打壓：二〇一九年九月，在美中貿易戰的壓力下，中國連奪兩個臺灣位於太平洋的邦交國。

亡國感如同北風與太陽間極為微妙的拉鋸：一方面，如果中國打壓動作過大，造成臺灣人民的危機感，有可能團結人民，共同抵抗中國併吞。另一方面，臺灣的內部因素，卻往往扮演著相反的角色，由內部瓦解臺灣人民抵抗的意志，採取順應中國意思的和解或綏靖（或消極不抵抗）態度。外部打壓與內部滲透將互為表裡，交互運用。

主權流失與未統先治

如果中國對臺灣所發起的去主權化行動，力道用得「恰到好處」，則既可向臺灣人民展現其區域強權的天朝面貌，吸引許多仰慕其強盛者之傾心，在臺灣內部宣傳與其對臺政策相符的訊息，又可降低有心抵抗的臺灣人民戒心。此時，中國對臺外部打壓配合其「溫水煮青蛙」的政策，長期地瓦解臺灣的民心士氣，習於昇平年代與當前幸福，卻不願為了維持長遠的自由民主體制的延續，付出代價。這種看似無硝煙的模式，反而是更危險的。

具體的例子例如核發居住證、跨國移送刑事嫌犯、要求國際企業對臺灣進行更名等，由於牽涉一中憲法架構與兩岸法制的不能改變，以及臺灣國際地位的孤立與弱勢，政府至今沒有有效的反制措施。這樣的狀態是危險的。如果長此以往，臺灣人民逐漸認為這是無法撼動改變的現實，進而習慣甚至接受「中國臺灣」的稱謂，或接受中國核發的身分證明文件；如果國民個人逐漸喪失抵抗的意志，原本不合理的事也會因為現實無法改變而變得合理。集體下來，整個臺灣社會將因為「溫水煮青蛙」，逐漸接受中國事實上的統治，直到主權流失的程度，到了事事必須看中國臉色，顧及中國立場與「中國人民感情」，臺灣將在事實上喪失主權與動能至無可挽回的地步。

我們應該將近年來中國在國際層次與兩岸層次對臺的攻勢，當成整體看待，而不是區分「外交」、「兩岸」與「內部滲透」。從整合性的觀點，外貌劇烈的打壓作為，只是先創造在國際上對臺灣窒息式的全面封鎖，造成臺灣經濟上必須依賴中國、價值與政策上傾向中國，最後以「溫水煮青蛙」式地由內部瓦解臺灣抵抗意志來遂其終局目的。由此觀點，亡國感現象所帶給我們的警示，不僅是外部打壓，更是幽微的主權與抵抗意志的流失。

再深入地往下分析，中國的總體目標可分國際、兩岸與臺灣內部三個面向。

就國際面向而言，中國各項舉措，意在向國際社會顯示，臺灣不是主權獨立的國家：就領土而言是中國的一部分，就政權而言，是由中國所叛離的政權所統治。臺灣問題是中國的內部事務，中國北京政權可以用一切手段，包括武力，解決臺灣問題，且此一問題是中國的核心利益。

就兩岸層面而言，中國向臺灣各界，顯示其所規劃的統一路徑與步驟，並透過威嚇利誘，展示若各界人士與其合作，即可享受利益；與其對抗，即受不利，甚至法律制裁，乃至非人道待遇。

就臺灣內部而言，二〇一八年以來的措施，非常清楚地在利用臺灣民主體制及開放社會的弱點，透過民主體制的內部，顛覆臺灣的國家體制與各項治理，以達到運用銳實力，由具有民主外觀的自治與自決程序，實際上達到內部改變的結果，終至推翻民主體制本身，達到「和平統一」的結果。

值得再次強調的是，在這樣的圖像下，政策分析者區分「國際」、「兩岸」、「國內」

情勢，意義已經不大。重要的是清楚理解中國戰略的路徑。這樣的路徑將由國際施壓、兩岸軟硬兼施穩定窒息臺灣的架構，最後經過內部收買、鼓吹、瓦解的「溫水煮青蛙」策略，由臺灣人民自己決定「和平統一」。簡單來說，打臺灣不如買臺灣，買臺灣不如讓臺灣人民自己決定要統一。

構築民主防衛機制，敏銳偵測亡國因素

在「溫水煮青蛙」的未統先治模式中，臺灣內部民主的弱點，值得特別注意。這在二〇一八年的九合一大選中，看得非常清楚。外媒稱該次選舉為中國銳實力的練兵場，深有道理。舉凡媒體為中國宣傳不受節制、網路錯假訊息（disinformation; misinformation）的肆虐，宮廟、地方組織、學校與求職體系受中國收買與市場宰制等等，中國因素在臺灣的影響，既全面且深入。

政府應該運用行政權力，果決維持臺灣民主程序不受外部勢力的惡意操弄，臺灣已經沒有時間猶豫蹉跎。值得採取的，例如澳大利亞的反外國勢力滲透法制、媒體金錢來源的透明化、中資的管制，以及中國在地方勢力收買行為的查緝。

亡國感絕不是遙遠事不關己，而是就在每個人的身邊。由外部主權打壓到內部滲透操控，亡國感所呈現的，是多線複雜的圖像。直視終局末日，本身並不是壞事。結局是喜是悲，端看決策者，即每個臺灣公民的政治選擇。但我們應該更加在乎的，是維持臺灣人的選擇空間與能力，包括治理的良善、經濟的自主與資訊的健全。亡國感是否能帶來臺灣的新生？答案握在你我手中。

宋承恩
臺灣民主實驗室研究員，牛津大學國際法博士候選人，曾參與對外談判，用英文撰寫過國家聲明。學術上的雜食動物，職場上的流浪者。對法律與思考有無可救藥的熱情，但繁複的文字，終究還是包不住執著的傻氣。

【訪談】林宗弘

讓社會正義與國家主權並行

——建立一個讓每個人都健康老化，在自己的床上平安死去的創新福利國家

亡國感生成的來源複雜且多元，除了來自極權國家的外部滲透與自身主權不斷被侵蝕，政府在諸多政策上不斷嘉惠大財團，公民社會與大財團議價的能力不斷縮減，以及年輕人被困在低薪與高房價間的無望掙扎，激化臺灣內部所面臨的階級衝突與世代對立，恐怕也是讓這股情緒更加瀰漫、深重的原因。

中研院社會所研究員林宗弘近幾年的研究重心，主要在於臺灣內部世代間的衝突與不正義，他的研究是否可能提供破解亡國感的方法？

林宗弘認為，在討論亡國感前，有個前提必須要釐清，那就是什麼是現代主權國家。現代主權國家將統治範圍內的人民建構成彷彿同質的社會，但這是虛構出來的，只因為主權國家把所有人放進「國家跟人民」關係框架中，使得他們必須使用同一套法制來建構彼此間的政治與社會關係。國家的本質是暴力機器，壟斷境內所有武力並建立課稅機構，抽取人們的薪水變成自己的所得稅。人們透過抵抗跟要求，逼迫政府提供公共服務或秩序，就在這個權力從壟斷暴力的人手上分散出來的過程中，國家得以民主化，讓每個人多少在制度框架中保有權力和權利。這是林宗弘對現代國家的理解。

而每個現代國家，在國家與公民間權力關係的平衡程度上其實有重大差異，「我們現在面對的亡國感應該是，我們所面對的這個平衡被改變了，惡化了，就是人民對國家能做什麼的掌控力變少了，或被一個控制更大領土的獨裁者所控制，例如中共。」

重新召喚主權國家的復歸

「亡國」不是一個迅速的過程，而是權力平衡的動態不斷改變所造成，這在歷史上曾多次出現過。上個世紀八〇年代到二〇一〇年的三十年，全球面對的是「新自由主義」秩序：主權國家力量被削弱，資本、企業力量上升，公民的權力彷彿因極權國家瓦解而獲得改善。林宗弘說，那時的想像是市場在不斷擴大後，最終可以改善國家與人民的關係，也就是「成長帶來民主」。然而，這個想像現在已經行不通了，因為全世界不論先進抑或落後國家，貧富差距都惡化了，這表示公民可以動員的資源，以及改變公民與國家、公民與公民間權力平衡的社會力量已被調整，政商關係中商人力量變得更強，國家力量則相對萎縮。「以郭台銘為例，十五年前很難想像臺灣最大的資本家會來選總統，這很明顯顯示了，臺灣政治版圖裡面的權力關係，權力平衡是倒向資本家的。」

政府的權力面對資本家之所以萎縮，有個重要原因是過去三十年，由於歷史偶然性和市場經濟的運作與推進力量，導致資本家力量變大，且因為他們有跨國移動的能力，更可以在各國間對當地主權國家施壓：你不減稅、不給我土地或便宜勞動力，我就威脅出走。在這過程中，資本家討價還價的能力不斷在增強。

林宗弘認為，過去那三十年，或許大多數人有獲益，但也有很多人受害，且利益高度集中在少數人手上。如果想要重新分配資源，可能需要不同的想像，譬如世界政府，但這在現實上不太可能，所以很多人選擇召喚過去三百年來成為主流的政治秩序：主權國家，希望主權國家建立起保護傘，政府重新扮演一些重要角色，「我們要重建這個國家主權的一些範圍，好讓臺灣本身的所得分配、資源分配，或更長期的，譬如永續發展，能得到更多關注，因為那涉及到我們這些人，跟我們自己在這塊土地上所關心的群體，影響我們最多的那些群體的幸福感，塑造比較豐富的生命價值。」

「中國因素」和臺灣的相對優勢

在資本家任意移動的世界版圖上，相形之下，臺灣似乎沒有競爭力或誘因，我們有什麼方法可以吸引資本，或是做出屬於自己的創新？林宗弘認為，人類社會要創造多餘的價值有很多方法，固然可以透過掠奪生產要素或販賣黑心商品，但也有些可能性是，把知識放在如何運用更少時間，獲得更多物質豐裕的生活的方向上，「通常我們說這叫科技創新、產業升級、知識經濟等等，這不是用強迫的方式達到，而是用知識或說服來驅動，用更少的地球物質消耗來獲得更大的生活滿足。」

如果說臺灣可供資本掠奪的資源受限，因而喪失了比較利益，這個說法在某種程度上是對的，但阻止掠奪或許也能引導臺灣走向科技創新。林宗弘最近寫了〈在剝削與創新之間：回應謝國雄〉，雖然是對自身合著的《未竟的奇蹟》的回應，但也是在處理臺灣產業的未來走向：如果產業選擇剝削的老路，例如在中國的世界工廠把農民工搞到自殺，剝削或汙染農民的土地，在臺灣這種國家跟公民關係比較平等的國家，資本獲得剩餘的做法會受到更多限制。所以，留在臺灣的廠商，需要在教育、人力資本、醫療等方面投資更多，讓人們的知識與創新能力得以發揮。「在國家跟公民權益上面讓步，讓政府更能夠幫助資本家掠奪，我們要走這條剝削的道路嗎？還是讓他們增加在知識創新領域的投資，讓我們的幸福感，或至少國民所得提升？國民所得不一定等於幸福感，但至少是構成的一部分。」

為什麼會產生亡國感？正是政府的權力在過去三十年被削弱，讓資本家為所欲為，當他們可以肆無忌憚地採取剝削的方式，他們不但會壓迫本地減低工資，還會逃避稅賦。而「中國因素」，就是在資本不斷穿梭國界，取得很大談判權的狀況下，因為中國過去的人口紅利而產生出來的巨大影響力。

林宗弘表示，過去二、三十年，中國提供全世界可供剝削的最大一池生產要素，外國文獻稱為「勞動池」，最便宜的魚（人力）都在那裡。就算在印度，他們國家與公民關係的不平等也沒有中國強烈，更何況印度還有基本的勞工組織與工會權益。所以過去幾十年中國扮演的特殊角色，就是提供地球上最大的便宜勞動人力庫，讓所有國家的資本家都有機會進去撈一把，這也構成他們政治結盟的框架，在其中，得利的不只跨國資本，更包括中共這個世界上最大的極權國家及其黨國菁英，借用吳介民教授的概念，這是權力與資本「合謀建構了一個剝削的體系」。

「我們看到自由民主的秩序，無論人民多無感，但這仍是過去兩、三百年一個重大發明，它是比較平衡的，給工會組織、弱勢者或公民社會一些機會，透過把自己的群體組織起來給主權國家或資方施壓，重新建構分配權力與資源的規則。」「亡國感有實體的一面，國家跟公民間的關係，在自由民主的秩序底下是相對平等，比較有機會去要到所得分配、減少剝削；可是在一個不民主的秩序底下，當然也有抵抗，中國人民是非常多社會抗爭的，也想辦法組織起來，對抗一個強大的政府，但如果沒有一個自由民主的機制，這種對抗往往是個案性，有時政府會讓步，但這無法成為每個公民面對國家掠奪時的保護傘，因為法治或司法都是統治者的打手。」

個人努力與集體行動不會是徒勞

如此看來，個人在大環境中，就算參與或關心議題，似乎也無法做出有效舉動，進而撼動、改變環境？林宗弘認為，這還是回到全球歷史去看，過去兩、三百年，政府、資本家跟人民間的互動、對抗，過程中建立一些對財產權、生命的保障，或更多公民權利，都是一波波抗爭者前仆後繼爭取而來，這些事件的後見之明，就是統治者可能比你想像的更脆弱。莎翁劇裡有句話：馴獸師比獅子更脆弱，但獅子不知道。「獅子不知道」這件事很重要，統治者除了實踐對你的承諾，他也會騙你或用鞭子打你，讓你以為他比你強大。然而，每個人都可以從自己的環境中改變，雖然也會受到結構面的影響，但還是有相當的自由程度去創造重大的轉型，即使在一開始都不像會成功的樣子。

林宗弘說，如果沒有三一八學運，沒有那兩、三百人衝進議場，臺灣可能比我們所想的更接近香港，中國建設銀行現在可能就在街上設分行，一〇一可能就是中國銀行的總部。可是正因為那兩、三百人做出不一樣的選擇，服貿沒有通過，中國銀行沒有進來。反送中也是一樣，美麗島事件、三月學運又何嘗不是如此？「統治者沒有你想像中的聰明，他們的機器漏洞百出，這裡面有很多改變的機會，靠我們的智力去發揮，去創造集體行動，人類有些歷史的改變，回頭想想真是不可思議，如果當初你沒有放棄。」

勞權與階級改革的前提：必須維護主權

企圖透過集體行動改變環境，有個實際的例子就是工會。對於臺灣的工會，林宗弘認為，其實臺灣工會沒有一般人想像那麼弱，近年有更多青年世代願意投入，改變職場。華航、長榮罷工其實有很好的示範作用，至少民眾會開始討論，我們是否要習慣像歐陸那樣忍受三不五時的罷工。而像長榮這種為了爭取更好待遇而罷工的行動，有些人認為這是貪婪，但林宗弘認為，歷史上勞勞對抗一直存在，集體行動當然會有爭論，會有利益分配的問題，也一定有人被罵，「如果這件事發生在一九八六年，首先發動罷工者立刻就會被抓去關，你沒有公民權其他都不用談，中國工會就是這樣。長程來看，我們正度過二〇一三、一四年最糟的時刻，包括工會組織跟公民社會的權力，現在都在復原中。只要看看對照組，比如香港，你被一個更強權的國家控制，你的公民權利跟國家的關係就反過來，換成你在街上被警察打，這是很現實的事情。」「二〇〇四年、〇五年，我剛去到中國做田野調查，跟他們非營利組織交流時，我們其實可以在那邊講臺灣的勞工運動，現在完全不能，網路上留言你就死了，馬上就扯到國安問題，十四年過去就是退化了，專制政權不斷滲透的退化，從前你可以私下組織工人進行國際經驗的交流。而且我們語言又通，臺灣工會馬上輸出革命啊，現在一去就立刻出事。」

不論是對三一八或勞權的討論，可以看見林宗弘關懷的軌跡，看似是階級，但有個隱含的前提：國家主權。對此，林宗弘笑說，這是「被迫承認這個暴力機器對我的主權」，我們都是時空的旅人，被迫流浪到「鬼島」，但還是希望家人與關心的群體有更平等的社會與幸福感，為此我們就必須保護國家主權，因為現實是，臺灣面對的另一個宣稱擁有我們主權的國家，其中國家與公民的權力關係是惡化的，如果被他們統治、占領，就會被迫納入他們的黨國監控體系，這一層一定要擋住。

「共產黨就是利用臺灣社會不平等的分裂做為槓桿，在撬動我們的主權。」林宗弘說，臺灣內部有同志婚爭議；有能源體系大轉變；有年金改革，削減老人福利投注到小孩身上，老人當然會反抗，小孩子又沒有投票權：「想要改善這個社會平等的每一步，都是踩在少數人的痛腳，把這些少數人加總起來，也會改變政治版圖。去年（二〇一八年）開始，所有共產黨的行為，就是利用這種社會矛盾在撬動你的主權，對方（被改革的對象）也有亡國感啊，他們以前想要的那個秩序被破壞了，好想回到過去。」如果不改變分配體系，不課多一點稅重分配，很多事都做不動，可是真的要進行時，共產黨就利用這些社會矛盾來瓦解臺灣主權，「我們現在面對的就是很尷尬的處境：現在的政府也做不到我們要求的社會正義，但我們不得不先維護它的主權。」

縫合「主權」與「階級」間的對立：臺灣的全民健保制度

在這個節骨眼上，階級跟主權會有前後或重要性的差異嗎？林宗弘認為，還是要透過創新性的思考，努力縫合人們對於「社會公平」和「國家主權」的要求。回顧歷史，國家主權強大的時期，也是勞工或農民福利較完善的時期，兩次世界大戰之間和戰後福利國家是最明顯的例子，因為政府需要勞工為國家上戰場，或不要讓勞工被共產主義所拉攏，所以必須給他們更多的福利與保障，讓社會更平等。在那個很保護主義的冷戰結構底下，從勞工權開始，逐漸累積出今日更廣泛的性別、社會權等權利。

戰後社會權建立在國家主權較完整的情況下，全球化的時期則進入資本擴張主權衰退的階段，林宗弘認為，現在剛好是個轉折點，在沒有世界政府的狀況下，由主權國家出面解決這些問題；當前左右兩翼所爭論的很多政策：移民、資本要管制，商品要課稅等等，其實就是在重建在全球化底下因商品化而可能受害群體的保護傘，「（直接面對）亡國感的好處在於，你可以召喚那些本來可能不關注社會平等議題，對國家主權議題更有興趣的人，告訴他們其實你也需要社會正義，才能保護這個國家。否則對於窮人、失業者來說，這個國家給了我什麼？我不如去『發大財』算了，這就是社會分化的問題。過去三十年的貧富差距惡化，在所有資本主義國家幾乎都造成民粹，就是有一批人受害，但國家不理他們，自由派菁英也覺得他們落後，這個社會排除的後果是很嚴重的。」

如何處理，甚至化解這種對立感？林宗弘認為，很重要的概念就是把社會正義的政策跟主權的重建結合起來。例如郭台銘的競選口號「零到六歲國家養」，雖然不一定做得到，但至少是個人民有感的說法，值得日後進一步思考。而在實際上，一個最明顯的例子就是全民健保，全民健保是臺灣的國民身分非常重要的一環，大家都說臺灣是鬼島，但是每年放棄公民權的人口只有一千多人，多半是因為婚姻。只要身處不強迫放棄國籍的地方，臺灣人就會保留中華民國的護照，因為這個公民身分界定了健康的權利，享用到近乎平等的健康權，這種權利連在美國都不會有。而健保費的來源可能比臺灣總體稅收更公平，雖然有等級制度，但健保還課了以家庭各種所得去換算出來的附加保費，所得稅級距當然較大，但如果把全臺灣稅收級距拿出來看，有錢人課稅的比例，可能還少過他在全民健保被拿走的保費，所以全民健保不但公平，而且在資源分配上非常平等。從比較長的時間來看，醫護人員的特權是降低了，但對全民來說健保是件好事，它是臺灣公民身分的一部分，幾乎沒有人會隨便放棄中華民國的國籍。

基本工資上漲可以嘉惠臺灣的最低薪群體，並改善勞動條件

有種觀點認為，基本工資上漲可能會引發中小企業倒閉潮，就林宗弘看來，可能會有邊際中小企業收掉，但總體來說，中小企業集中在內需產業，最後可能會透過產品價格調升一、兩個百分比，將工資成本轉嫁出去。而這是否會導致通貨膨脹？由於臺灣物價低廉、形同相對的通貨緊縮已經多年，稍微膨脹並不會構成嚴重問題，臺灣完全有能力加薪，只是幅度大小的權衡問題，如果緩慢的加薪，內需產業根本也不會外移，可以

把這個成本慢慢吞下去。林宗弘認為再過四年，臺灣的基本工資可以調到三萬。

而這麼做可以嘉惠最低薪的產業：「臺灣現在像是運輸倉儲、旅遊餐飲、批發零售、個人服務（美髮），是中小企業集中且最低薪、彈性化最嚴重的部分，每年薪資數據都是它們最低，少數更低的是汙水處理等3K（辛苦、骯髒、危險）產業，很多人的薪水是被移工壓低的，上述幾個內需產業都是臺灣人低薪，如果提高最低工資就會有低薪勞工受惠。」如果縮減或限制工時廠商會哀哀叫，就代表透過提高最低工資、採取更嚴苛的《勞動基準法》法條，以及不要隨便放寬這些行業採取彈性工時（責任制），可以改善這批人的勞動條件。資方就是因為會痛才會抱怨，也才有後續一例一休改來改去的問題。林宗弘也補充，這些產業時常抱怨一例一休導致排班調不過來，但這有部分原因是源於臺灣的少子女化，致使廠商找不到足夠的工人，這在南部三班制、四班制的大夜班特別常見。願意做大夜班或加班的，通常是更年長的工人，年輕人人數原本就少，考量負擔家務或親職的時間以及勞動條件惡劣等問題，他們幾乎都不願意輪夜班。在少子女化的大趨勢下，就算把工時彈性化，那些工作也可能找不到人，只能大幅加薪。

創新福利國家指的到底是什麼？

創新福利國家是什麼？這和傳統的福利國家差異在哪裡？林宗弘說，所謂的創新福利國家，最初的邏輯是很簡單的，臺灣很多電子業都在代工，客戶叫它做什麼就做什麼，永遠都不可能成為客戶的那一端而接收全球訂單，因為臺灣廠商不做Marketing，只會接單、生產，導致的後果是做一支iPhone，蘋果集團拿走五八％的利潤，中間台積電、三星等技術代工拿走十幾趴，鴻海拿不到二％，然而鴻海的僱員規模是蘋果的十幾倍大。[1]臺灣產業鏈長期以來就是如此，現在因為美中貿易戰的關係終於做不下去了，於是開始思考下一步為何，「我們應該利用這個機會來跟內需市場做連結，讓外銷導向的電子業開始投資臺灣本地所需要的，托育、養老、輔具或服務業用的工具機。」

臺灣有全世界第二大的輪椅外銷廠、地球上前五名的工具機產業及最大的電子產業鏈，但卻不為本地的消費者生產需要的東西。林宗弘認為，臺灣遲早要面對人口老化、傳產人力老化及服務鏈老化的問題，如何讓它們升級，難道本地製造業不足以承擔這個責任嗎？其實，穿戴式輔具，血糖機、基因晶片檢測等都有人在生產了。創新福利國家指的其實就是：用數位科技達到福利國家的幸福感，要鼓勵臺灣廠商往這個方向走。北歐福利國家的一些制度可供參考，但不是全套照搬，而是去思考使用者的感受，因為臺灣在稅收比不上北歐的福利國家，所以更要發揮自身強項，打造資本跟創新密集的數位福利國家：「如何將福利國家的公民權，把主權跟平等鑲嵌起來，又能對臺灣將來產業創造品牌有所幫助。如果你做得到，Google會買單的，像盲人視障導航已經有了，只是我們做得還不夠。」「另一種數位國家就是給你算分，社會信用體系，那就是國家機器在用數位化工具制服你，而不是服務你，如果反過來想一個數位的無障礙空間，你用什麼交通工具都可以，用新科技創造一個創新福利國家……如果我們創造出來的話，以後可能不用這麼煩惱主權問題，因為我們的公民權利很鞏固。」

世代間不正義與資源分配的衝突

林宗弘表示，之所以會提倡創新福利國家，有個因素是過去福利國家所提供給我們的經驗已不足以參考，「沒有哪個福利國家像日本、臺灣，東亞這幾個島鏈，以及未來的中國，面對這麼迅猛的人口老化。」臺灣學者連賢明最近做的研究，跟英國對千禧世代所做的研究，發現了同一件事情：無資產的年輕人跟有資產的年輕人，貧富間的差距在惡化，兩國做出來的結果都是如此。如果年輕人沒有繼承到資產，又因資產上升的速度太快，他們幾乎一輩子都會面對貧富差距持續惡化的現象。

「臺灣資產的集中度在過去幾個世代，比英美國家相對要來得平等，因為沒有長期集中繼承那麼多代，比方說六十歲那個世代，幾乎所有人都有房子，不像英國在六十歲那個世代，只有四〇%的人有房子。我們是人人都有房，但平均壽命在延長，世代跟世代間的差距在擴大，繼承行為很晚發生，你阿公、阿嬤那一代，就是你這一代去租房時的包租公、包租婆，他們多半從年輕世代那裡獲得這個租金，卻在煩惱自己的兒孫失業薪水低。」林宗弘說，為什麼自己會不停寫文章處理世代不公正，是因為這在臺灣確實是個問題，現在的整體結構呈現「退休金被他們拿走，年輕人繳了房租，移轉到上個世代，他們再移轉給自己的子女」的狀態，這個循環仍然讓資源與權力集中在戰後嬰兒潮。

臺灣家族企業產權也是一樣，林宗弘將之形容為「鄂圖曼帝國的結構」，死之前皇帝絕對不放權，死後就看眾多子孫輩誰奪得金雞母，把其他繼承者全部幹掉，「臺灣企業家是全亞洲最老化的，平均年齡最高，它隨著企業年齡一直在老化，老頭家不肯提前交接企業經營權。可以想像，戰後嬰兒潮有強烈的不安全感，又擔心被奪權或落入老年貧窮，年金改革的對象比年輕世代收入更高，卻說自己又老又窮，其實就是資源沒有下放，錢沒有移轉到年輕世代，後者只能晚婚晚生，整體投資與創新行為也在衰退。」

林宗弘認為，臺灣現在正面對著有趣的轉型：世代之間如何重新溝通、相處；「世代共贏」背後有血淋淋的問題，就是權力跟資源怎麼重新分配，如果只看階級面向並不足以詮釋，「臺灣不只有階級問題，也有世代問題，這是脫鉤的。在世代問題中看到的更多是同志婚，這反映年長者為什麼要掌控這些資源，他覺得以後會沒有人照護或祭拜，兒子帶著另一個男性回來要繼承家業，他們不能接受，這反映他們內在深層的存有問題，不只是關於性少數享有什麼平等權利，而是世代之間從價值觀到分配面的廣泛衝突。」

積極進行世代轉移的各種方法

林宗弘曾和一名企業家在一次科技政策的討論裡交換意見，企業家說，自己創業最困難的部分就是說服長輩把資金投注在他身上，他說既然無法強迫世代移轉，只剩下一個字：等。從那之後，林宗弘就一直在思考，真的只能等嗎？

林宗弘認為要採取各種世代移轉的方法，除了止付十八趴外，包括「零到六歲國家養」之類的托育政策，把錢交給年輕父母的所得轉移，或發給年輕世代創業基金，讓他們在進入社會初期可以有更多的生涯選擇。究竟哪種更為正義、更應優先，端看國民的選擇衡量，但這必須納入創新福利國家的發想中。

而在一連串人口世代的財富分配問題中，林宗弘表示，房屋問題是其中特別重要的一個，因為這涉及了生活空間被誰的權力所管理，一定要成為創新福利國家思考的一部分，否則就只能透過等待了。臺灣的房地產價格在二〇〇三年後起飛，在那之前取得住房的世代，跟那之後才就業而幾乎無法取得的，成為完全不同的兩群人，房地產持有者高度集中在嬰兒潮世代，依照現在的平均年齡推算，繼承行為可能要到二〇四〇、五〇年才會大規模發生。「房屋，我們要從原始的起點，也就是『那些人往生我就繼承得到』的這個起點往前推。為什麼已經不能再等了，臺灣的生育率低下、年輕人不想走入婚姻的核心問題之一是無法忍受兩、三代同堂，上一代沒這問題是因為他們很快就能移出去，買到便宜的房子，他們本來就處在都市化跟工業化的過程，一定會離開原居地，可是現在是人口流動減緩，年輕人搬不出去，無法創造出一個新的家庭的空間。」

當然有些更積極的做法，如社會住宅、以房養老等政策，但這也要處理很多偏見。搞個社會住宅，當地居民多半抗爭，覺得社區變得貧民窟化了，但他們自己租出去其實來住的還是同一批低薪年輕人，而社會住宅由於量少，不可避免會集中提供給中低收入戶或獨居老人，使得刻板印象被加強。林宗弘表示，無論如何，還是要推動實驗性政策，逼迫政府去做看看，例如租金補貼，並檢視結果如何。如果想把社會住宅比例提高一〇％到一五％，可能要十五年才做得到，但中短期還是有很多政策的可能性。

讓每個人健康老化，在自己的床上平安死去

現在普遍擔憂少子女化會造成國力衰微，林宗弘認為，由於地球跟臺灣的承載力可能是有限的，人口數減少，其實不盡然是壞事，只是戰後的福利制度和社會體制是建立在人口變多的假設上，必須因應這個假設逐漸失實的趨勢。

林宗弘說，一九五一年設立勞保條例時，臺灣平均年齡可能約六十七歲，退休後只剩七年就過世了。當時的人可能十八歲就進入職場，工作四十二年領七年年金，這樣年金當然不會破產。可是現在是退休出去的人多達四十萬、進來工作的人少於三十萬，平

均年齡超過八十歲，二十五歲起工作三十年、還要領二十五年年金，就算收支不動，稅率不動，出去的錢也不動，收進來的錢還是不夠用，年金當然會破產。

目前的幾條路，第一是加保費，每個世代的人都會比前面的人負擔更多稅收與保費，就算每年都加一點保費，速度可能過於緩慢，追不上人口老化的速度，年輕世代也會反彈。再來是減少年金，這已經證明幾乎是等同政治自殺，差點毀掉政權。第三個方案則是延後退休年齡，而臺灣已經透過每兩年延後一年的方式，逐步在延後退休年齡了。

林宗弘表示，透過帳面，用「薪水」發出去就是保費收入，用「退休金」發出去就是保費支出，只要延後退休年齡，把人們留在勞動現場，讓他們從事對於經濟、社會有貢獻的事，這筆帳就會變得平衡。在過去的世代，很多勞動力在六十到六十五歲時就因資本外移而喪失工作，或是直接掉入服務業的低薪部門，臺灣目前算是度過那個時期了，應該可以去思考，建構一個較長職業生涯的可能性。不過他也坦言，對於這段職業生涯的研究現在非常少，傳統福利國家也是第一次遇到，它們的經驗對臺灣而言幫助有限，而這會不會排擠到年輕人的就業率，對年長者的健康來說到底是退休好，還是繼續工作好，到目前為止並無定論，仍需要更多的研究與討論。

不過，終生工作也可以是幸福的。林宗弘以美國學者古迪納夫（John B. Goodenough，二〇一九年諾貝爾化學獎的得主之一）為例，這位九十六歲的老教授是全球研究電池的權威，二〇一八年還申請到美國的科技補助，希望能做出更有效能的電池。林宗弘認為，年長者的肌耐力會衰退，但腦部還是可以很活躍，我們現在是用戰後福利國家時期建立的退休結構，去框限什麼叫作「老」，但這其實是社會建構出來的，應該要有些創意，去構想如果人要工作到七十五歲退休，他會需要些什麼？「我們如果要解決現在人口結構改變的問題，有個方法就是讓人們極大化他可以健康貢獻給社會的時期，而不是去問退休後生活無聊或缺錢該怎麼辦，這表示你在職業生涯過程中，你的職場可能一直在轉換，就算在亞健康的情況下，願意持續工作不是個問題，但國家必須建立保護網，當你決定退休的那一刻，你還是可以獲得完整的醫療、長照保障等等。」

整個創新福利國家包括對人的生涯的認知與規畫，可能也會產生革命性的轉變。林宗弘認為，既然我們一定會老化，又不可能一下子生出這麼多孩子，或引進足夠的新移民，只要把退休年齡往後延，一年就多四十萬勞動力，然後這些人也願意貢獻，領到的薪水多過退休金，年金入不敷出的帳目就會翻轉。如果能有很多更為大膽、開創的思考，面對下一個世代的挑戰，把公民身分與福利國家綁在一起，讓人們生活幸福感上升，大家都覺得當一生當臺灣人很棒，亡國感就有可能下降。

「全球資本去掠奪廉價勞動力，福利國家對資方撤退、妥協的這個時代，最糟的時期可能已經過了，下一波檢討全球化，所有國家都要重新改造自己，以應付一個人口更老化，環境變遷更劇烈的時刻……我們應該有機會建立更有韌性與創意的福利國家體制，讓每個臺灣人都健康老化，在自己的床上平安死去，這個，就是我們幸福感的來源。」

（撰文：春山出版編輯部）

林宗弘

中研院社會學研究所研究員，清華大學社會所合聘教授。近期的研究領域主要集中於華人社會的階級不平等及全球與本土的災難社會學。合著有《未竟的奇蹟：轉型中的台灣經濟與社會》、《高教崩壞：市場化、官僚化、與少子女化的危機》、《崩世代：財團化、貧窮化與少子女化的危機機》等書。

注釋

1 鴻海員工數在二〇一三年是一百三十萬，蘋果是九萬。

哀悼政治：亡國感的知識系譜

黃涵榆

自二〇一八年十一月二十四日大選期間到選舉結果揭曉，「亡國感」至今仍纏繞著不少臺灣人（特別是年輕族群）的心頭，成為一種情緒氛圍，甚至是精神結構。「亡國感」透過電視與網路媒體的傳遞與擴散，似乎成了一種同溫層的共識或不爭的心理與社會客觀現實，從我個人經驗而言，的確從多次演講與聽眾的互動中，深刻感受到它的存在。即便如此，「亡國感」確切的意涵仍有待被理解。

臺北市長柯文哲斷言，二〇二〇大選將是「芒果乾」與「發大財」的對決。更因為香港從二〇一九年六月中旬以來密集的反「逃犯條例修正案」或「反送中」抗爭，以及港警、黑道和中國解放軍同盟的暴力鎮壓，「今日香港，明日臺灣」的憂慮或警醒成為亡國感的最佳寫照。當然，也有人否認亡國感的事實基礎，因而進一步質疑其正當性，辯稱香港和臺灣的政治條件多有不同，臺灣不會成為香港；也有政治立場傾向獨派的人可能會說，「醒醒吧，你根本沒有國家，哪來的亡國感！」不管怎麼說，可以確定的是，「亡國感」儼然是個被大量使用、複製、傳播與爭辯的符碼，糾結了臺灣人對當下的政治局勢與生命情境、對臺灣的未來的感受，特別是面對中國勢力無孔不入的滲透，對於步步進逼的一國兩制與和平協議的焦慮，以及假新聞影響選舉和政局……臺灣的民主體制似乎正面臨存亡危機。

本文不打算評估所謂的「亡國感」如何導因於二〇一八年大選結果，以及如何影響二〇二〇大選投票行為，也就是說，本文不會將亡國感的問題限縮在選舉行為研究，而是要描繪某種有助於我們理解「亡國感」的知識系譜，探討更深層的精神結構和行動的可能。我從佛洛伊德精神分析出發，接著透過班雅明進入比較深刻的哲學層次，分析亡國感所糾結的哀傷與憂鬱，那樣的情緒模式或精神結構顯示對於失去（loss）是什麼樣的反應，又承載什麼樣的時間意識，甚至是生命的真相。更重要的是，我要探討哀傷和憂鬱不必然使人更深陷在情緒困境和過往無盡的無意識重複之中，更是要強調集體「哀悼」（mourning）或共享哀傷如何能驅動朝向未來的政治行動，包括臺灣進行中的轉型正義工程。

佛洛伊德的〈哀悼與憂鬱〉

佛洛伊德的〈哀悼與憂鬱〉（Mourning and Melancholia）一直以來都是哀悼和憂鬱研究的重要文獻，它從自我如何回應失去的經驗、自我和現實的關聯，在哀悼和憂鬱之間做出關鍵卻頗具爭議的區分。首先，佛洛伊德將「哀悼」界定為失去某個愛的對象或某種抽象的概念——例如，「自由」和「平等」，當然也可以是「國家」——所做的回應；這裡的「失去」可以是真實的或象徵性的死亡。哀悼讓欲望和已經失去的愛的對象分離，是一個痛苦的過程，但不至於是需要醫學治療的病態。哀悼的過程也許會有些脫離日常生活，但終究還是以回歸常態生活或現實為目的。自我若能與失去的對象分離，就能重獲自由，問題是這樣的分離或轉移不一定能完成，部分欲望有可能會透過回憶或幻想依附著失去的對象，類似睹物思情或觸景傷情。從這一點也可以看出自我並非一個固定而完整的結構，肯定和否定（失去）、分離和依附、現實和幻想之間的張力或分裂，顯示自我不斷尋求折衝妥協。

佛洛伊德以上述哀悼的定義為基礎談憂鬱的問題，兩者具有一些共通的特質，如何劃出兩者之間的分界線，一直是論爭的焦點。簡單來說，憂鬱表示未完成的或無盡的哀悼，基本要件包括失去（欲望的）客體、心理矛盾（ambivalence）和欲望回縮到自我之中。佛洛伊德從臨床觀察列出憂鬱的五個指標，包括極度深沉的神傷、對外在世界失去興趣、失去愛的能力、無法從事任何活動、自我評價降低到自我責難的程度，並且發展出一種自我懲罰的妄想結構。主體失去的也許不是客體本身，而是已經不再愛那個客體（或者對某段關係已覺得索然無味），因而想像自己已經失去什麼。主體在這樣的想像或妄想結構中自我貶抑、自憐自艾，責怪自己做錯什麼。佛洛伊德指出，「在哀悼期間是世界變得貧脊與空虛，憂鬱的時候是自我（變得貧脊與空虛）。」這種罪惡感的折磨無法用科學驗證或從治療的角度找到證據，讓病人理解那些自我的感受是錯誤的、不應當的，佛洛伊德甚至認為應該要接受病人所描述的某些感受的真實性。似乎在自責的狀態中，最嚴厲責怪的對象與其說是自我，倒不如說是病人所愛的，或者他認為自己愛的、但不必然真的愛的對象。

值得注意的是，佛洛伊德在界定憂鬱的時候，並沒有脫離普遍性的精神結構，也就是自我和超我（superego）的區分。自我分化出某種批判的機制，也就是超我，以自我做為監督、斥責甚至壓迫的對象。只不過佛洛伊德告訴我們一個暗黑的事實：憂鬱症病人似乎從這種狀態中得到滿足，顯示虐待與自虐不可分。憂鬱者不斷耽擱哀悼的完成，認同失去的客體讓他成我自我的一部分，讓傷口一直無法癒合。自虐等於是報復失去的對象，顯示愛恨糾葛的曖昧。

佛洛伊德的〈哀悼與憂鬱〉有助於我們理解當下的「亡國感」嗎？亡國感可以算是哀悼的過程，或者會發展成憂鬱？是回歸現實，甚至對於現實的介入，或者會形成自戀性的、封閉的精神結構？思考這些問題的同時，我們必須瞭解佛洛伊德關於憂鬱的理論絕大部分出自臨床的觀察與診斷，不管具有多大的普遍性的解釋效應，都不會阻止我們從臨床醫學之外的哲學視角思考哀悼、憂鬱甚至厭世的問題。我們不僅無法清楚而絕對地區隔哀悼和憂鬱，也沒有門檻清楚標示從一個階段進入另一個階段，即使把憂鬱理解為無盡的哀悼，也不表示一定會走向封閉的甚至災難性的結果。

面對憂鬱或哀傷的問題，首要之務也許是減輕或解除罪惡感的負擔。愈來愈多人飽受臨床上憂鬱症（depressive disorder）的折磨是不爭的事實，但憂鬱症是否被過度膨脹，以至於生物個體適應環境與生活狀況而引起的哀傷、沮喪、倦怠等常態性情緒，也被診斷為憂鬱症？這樣的提問正是霍維茲（Allan V. Horwitz）和維菲德（Jerome C. Wakefield）合著的《我的悲傷不是病：憂鬱症的起源、確立與誤解》（*How Psychiatry Transformed Normal Sorrow into Depressive Disorder*）的主旨。即便是佛洛伊德的〈哀悼與憂鬱〉也有不同的詮釋和延伸的可能性，畢竟他並沒有堅持憂鬱的病態特性。憂鬱做為未完成的無盡的哀悼，顯示憂鬱主體不斷在失去的感受中掙扎著，不斷面對過去及其遺跡的纏繞，企圖重新建構個人與集體、精神與物質之間的連結，這也許正是開放性與創造性之所在。以下將從班雅明的著作延續這樣的思考。

班雅明與哀悼廢墟

哀悼與憂鬱一直都是班雅明文學與文化評論以及哲學思考的風格和視角，如果班雅明的思想遺產讓世人看見什麼是彌賽亞靈光，也總是閃現在各種消逝和廢墟的圖像之中。他在〈論波特萊爾的幾個主題〉（On Some Motifs in Baudelaire）中，提到現代媒體與出版逐漸形成一個和真實經驗脫離的資訊領域，造成經驗的萎縮，這種技術文化的轉變也印證他一開始提到的抒情詩的式微。相較於扁平而抽象的媒體資訊，班雅明重視「說故事」的意義，那不在於傳遞資訊，而是融入說書人的生命事件，裝載著說書人的生命痕跡，將經驗傳遞給聆聽者。他從普魯斯特的《追憶似水年華》看到了這樣的說書人，讓過去在偶然的機緣中迸發，一種不為意識持有與掌控、非線性的「迸發性記憶」（mémoire involontaire）。班雅明在波特萊爾的詩作裡也看到類似的經驗：詩人著迷於群眾和都市景觀，在人群、商品、街景、影像快速移動與消失中，出現令人驚豔的瞬間畫面，班雅明稱之為「別眸之愛」（love at the last sight）。

「靈光消逝」一直是班雅明考察現代複製與影像科技（史）的核心概念，也可以說是他的憂鬱視角。根據班雅明的定義，「靈光」（aura）屬於物體可傳送的精華，見證了獨特的傳統與歷史經驗，也是「距離的鬼魂」，但是在機械複製的年代裡，靈光已成為哀悼的對象。複製科技讓物脫離了傳統的範疇，以大量的存在取代獨特的存在，同時也改變了大眾的感受模式。複製科技帶給消費者一種更接近物的欲望，但同時也讓物體失去獨特性，成為同質化的大眾消費的商品。但班雅明的哀悼和憂鬱從不是單面向的，他同時肯定複製技術讓藝術品從儀式的隸屬地位解放出來。

班雅明談到電影技術對於藝術表現帶來重大改變。有別於實際的舞臺演出，電影演員的表演完全由攝影機錄製，不需要面對、適應或融入觀眾的情境，他們不需要認同演出的角色，所有話語和動作都對著攝影機進行，可以被切割成許多片段反覆演練，過程充滿疏離和焦慮，不再是一種有機的整體。觀眾的觀點和觀影經驗完全受到攝影機制約，形成一種單面向度的、同質的集體感受，不再是個人獨特的藝術體驗，還有可能成為群眾政治動員的助力。然而，班雅明並未忽視電影技術的革命性功能，拓展了人類視覺經驗，他稱之為「光學無意識」（the optical unconscious）。電影技術讓物體、景觀與空間更具臨場感，特寫鏡頭能夠呈現先前其他形式藝術無法呈現的細節，擴展了空間，而慢鏡頭則延伸了動作的持續時間。簡而言之，電影做為一種複製技術，創造了另外一種自然，讓大眾的視覺或身體感受能夠進入全新的領域，帶來前所未有的時空經驗的改變。

事實上，班雅明的〈攝影小史〉（Little History of Photography）不論就風格或內容而言，都表現更為明顯的憂鬱和哀悼。班雅明透過希爾（David Octavius Hill）的人物寫真思考攝影、歷史甚至生命的本質，就是各種死亡殘存的痕跡，就是一座魅影幢幢的大墓園。然而，這樣的憂鬱、鬼魅的氛圍和視角，對於歷史與時間的思考具有重大的意義，我們甚至可以從班雅明如何談攝影技術，連接到他的彌賽亞思想。班雅明的彌賽亞沒有帶來全景式的歷史知識，也沒有帶來末世或千禧福音，而是在碎片之中閃現微弱的光芒。班雅明從他的歷史唯物史觀認為，直線性的時間觀和進步的歷史觀都是勝利者的歷史，本質是暴力的，都將為人類帶來災難。

正是因為攝影本身鬼魅的特質，能讓時間和歷史進入自我分離或差異化的過程。這樣的史觀在〈歷史的概念〉（The Concept of History）有更深奧的論述。〈歷史的概念〉是班雅明在從法國的納粹拘留營被釋放之後，在他自殺（一九四〇年）之前所寫，是他的歷史唯物論和彌賽亞思想的代表著作之一。班雅明在這篇文章裡詮釋了他所收藏的克利（Paul Klee）的畫作〈新天使〉（Angelus Novus），也就是廣受討論的「歷史天使」圖像。根據班雅明的描述：

〔天使〕的臉龐轉向過去。當一連串的事件發生在我們眼前，他看見一個災難在他的腳邊堆起一層又一層的廢墟。天使想要留駐，喚醒死者，讓一切被毀壞的再次完整。但是一陣暴風從樂園吹來，困住了他的翅膀，猛烈的風勢使他無法闔起雙翅。暴風勢不可擋將他吹向未來，他背對著未來，眼前廢墟已向著天堆高。這暴風就是所謂的「進步」。

這樣的圖像等於是班雅明當時面對自己和時代重大危機的心境完美卻又充滿矛盾的寫照。天使已回不去伊甸園，他不想走，卻被迫往未來前進，回首過往只見災難，陷入一種中斷或懸置的狀態。從歷史哲學的角度來說，班雅明的「歷史天使」體現一個無法留住的片刻、過去的重現和無法定義的未來之間的辯證，彌賽亞的靈光或歷史真理的洞見閃現在危機、災難或緊急狀態帶來的斷裂，以及對於過往的壓迫苦難和不義的哀悼、記憶與救贖。

從以上的討論，我們看不到任何理由認為班雅明反對憂鬱或悲傷，或者無視失去

（或者「廢墟」）帶來的思想潛能和啟迪。我們甚至可以從班雅明的文學和文化論述，包括波特萊爾的詩作研究和他自己類似《柏林童年》一系列的回憶錄，看到哀悼與憂鬱並非局限在個人層次的情緒，而是創造性的過程，能做為政治與文化工作之用，畢竟班雅明的著作總是關照著整個現代性的變遷。如同他在「靈光消逝」的脈絡裡談現代複製科技，但他也同時看到包括攝影的複製科技如何創造新的感受形式；而藝術品因脫離神聖儀式範疇失去靈光，卻也走上更接近大眾的民主化潮流。但班雅明在他所處的動盪的年代裡，也從他的憂鬱視角，看到了法西斯讓政治和宗教膜拜儀式失去區分，帶給人類文明前所未有的災難。

當代不少政治與人文學者都觀察到一種名之為「左派憂鬱」的心理與思想氛圍，也就是對於重大的政治與歷史變革幻滅，無法採取行動。纏繞著許多臺灣人心頭的「亡國感」是這樣的左派憂鬱嗎？或是能有其他的出口？從班雅明的角度來看，這種「左派憂鬱」——如果有的話——拒絕抓住當下時刻，也無法面對時間的辯證，而是依戀著自己過去的政治歸屬和身分，無法投身當下的政治行動，本質上是自戀的。這種憂鬱也許會被勝利者的歷史操控（還有誰比統治者更擅長操作悲情的？），「過去」也因此被固定。但是對班雅明而言，哀悼過往的遺跡是為了建立和歷史主動而開放的關係，讓過去、現在與未來，以及存活的與死亡之間維持張力。

從情感共享到集體行動

從以上討論的班雅明思想來看，我們不再將哀悼和憂鬱限縮在私我的情緒狀態和行為，而是視之為對於失去、現實和歷史的回應，重建自我與他者、過去、現在未來的關聯，具有開放性和普遍性的意義。班雅明充分意識到哀傷——如同恐懼、憤怒和恥辱等其他情緒——有可能受到政治挑動和操控，如同從法西斯主義、民粹主義和任何一種極端政治或宗教看到的狀況。這樣的政治挑動和操控建構了「勝利者的歷史」，也就是排他性的、恐外的身分認同，拒絕與他人共享世界。當我們思考或想像一種哀悼政治或倫理，期待能夠從共享哀傷體認脆弱是共同的生命情境，產生彼此的連結與互助。

事實上，哀悼政治是對於普遍的生命情境的關照與回應。我們不需要真的有住院的經驗就能體會（我一直都認為倫理是對超出自身有限經驗的他者苦難的感受），醫院不只是醫學知識和治療的機構，也是痛苦、磨難、哀傷和生離死別的處所。病人除了生理上的病痛或傷殘需要救治之外，情緒也需要得到妥善的照料。當代的醫學人類學強調理解和感受疾病（disease）的心理和文化意義，也就是「病痛」（illness）。這樣的感受意謂著醫生病人的社會網絡——包括家人、朋友、同事等等——更親近、更願意傾聽和共享哀傷的關係。對於重症或臨終照護而言，如果無法避免「歹活」，如果現實是殘酷的，重要的是讓病人能夠「好死」。從醫學人類學的角度來說，這樣的共享哀傷不僅意謂著「旁觀他人苦難」的情感回應，更能延伸出對於醫病關係、醫療資源與政策的關懷，激發要求醫療體系改造的動力。

暫且擱開醫病關係或照護倫理不談，換個層次思考，哀傷能成為社會運動甚至重大政治變革的動力嗎？哈特（Benji Hart）參與策劃二〇一五年秋季的一場示威運動（包括占領十字路口阻斷交交通），哀悼一名非裔美籍女性瑞吉亞．波伊德（Rekia Boyd）在芝加哥道格拉斯公園被非執勤中的警察射殺的事件。哈特描述當時的行動開啟了「一扇時間之窗」，陌生人能「真實面對自身的脆弱」，在那「片刻之中，人們不再將共同遭受的傷害、恐懼和沮喪，以憤怒或暴力的方式發洩在彼此身上，而是透過淚水透過牽手透過照顧表現（我們的脆弱）……得以堅強」。二〇一三年八月三日，凱達格蘭大道上的「萬人送洪仲丘」不也是共享哀傷與脆弱中的力量的行動？而阿拉伯世界肇因於突尼西亞青年穆罕默德．布瓦吉吉（Mohamed Bouazizi）反抗警察暴力的自焚事件的民主抗爭，從某個角度來說，不也是轉化成激烈抗爭的一連串哀悼行動？類似的行動不也出現在一波又一波的香港，年輕人以血肉之軀反抗港警、黑道和中國解放軍三位一體的國家機器暴力？

一位垂垂老矣的原住民同胞日前才在六張犁亂葬岡找到父親屍體的埋葬地點，在被「進步的歷史」塵封了超過一甲子之後……[1]臺灣還在實踐轉型正義的道路上，集體的哀悼工作是不可迴避的一環。國民黨的官方論述總是要臺灣人放下悲情向前看，主流的社會價值觀總是把「和解」和「寬恕」視為無庸置疑的道德命令。哀悼也好，悲情也好，都意謂著認同臺灣不同歷史階段的受害者，總還有些受苦的他者的故事還未被訴說，他們的名字還未被記得。沒有無盡的哀悼，「和解」和「寬恕」將是由上而下的情緒勒索和道德暴力。

對於當下的「亡國感」的理解不該局限在大選的框架。本文不敢奢談亡國感「解藥」，能做的僅僅是提供一些知識脈絡，讓讀者試著理解哀悼和憂鬱如何能「不是」病態。臺灣長期以來並不重視情感教育，各種領域裡的情緒暴力和壓迫似乎已成日常生活的一部分。我們甚至害怕面對和表達悲傷，我們不知道那可以也應該與人共享，轉化成一種「微弱中的力量」。懂得共享哀傷或集體「哀悼」的臺灣，才可能和現實世界裡他者的苦難建立連結，繼續各種未完成的轉型正義工程。

黃涵榆

現職臺灣師範大學英語系教授、臺灣人文學社常務監事、英美文學學會理事。研究興趣包括附魔、恐怖文學、安那其、當代歐陸哲學、生命政治、精神分析等。近期著有《跨界思考》（臺北市，南方家園，二〇一七）與《附魔、疾病、不死生命》（臺北市，書林，二〇一七），多篇論文發表於《中外文學》與 *Concentric:Literary and Cultural Studies*。目前正在進行「恐怖的新哲學視野」研究與寫作計畫。

參考資料

Benjamin, Walter. "The Work of Art in the Age of Its Technological Reproducibility," "On Some Motifs in Baudelaire" and "On the Concept of History." *Walter Benjamin: Selected Writings. Volume 4, 1938-1940.* Trans. Edmund Jephcott et al. Ed. Howard Eiland and Michael W. Jennings. Cambridge, MA: The Belknap Press of Harvard UP, 2006. 251-83, 313-55, 389-400.

Freud, Sigmund. Mourning and Melancholia." *The Standard Edition of the Complete Psychological Works of Sigmund Freud, Volume XIV (1914-1916).* Trans. James Strachey et al. London: Hogarth, 1957. 237-60.

Hart, Benji. "Feeling Is Not Weakness: On Mourning and Movement." *Rebellious Mourning: The Collective Work of Grief.* Ed. Cindy Milstein. Chico, CA: AK Press, 2017. 13-24.

注釋

1 相關新聞報導見：https://newtalk.tw/news/view/2019-04-30/240309

盧郁佳

戳穿歷史的靜止力場：《返校》的次元刀

亡國感是在兩種時間的拉鋸之間逐漸形成的。一種是永恆靜止的時間，一種是動盪巨變的時間。

彰化人姚嘉文一九六二年考進臺大法律系，學習以法律觀點看問題，關心憲法和國會，和同學組織「社會科學研究社」集合政治、社會、商學、哲學各系同學討論問題。政治系同學關心國會如何代表法統、國民黨的理論為何；法律系同學談修憲。他只覺得值得討論，沒有深入瞭解。彭明敏曾任臺大政治系主任，因寫《臺灣自救運動宣言》入獄，因為美國施壓而特赦。老師彭明敏獲釋，姚嘉文雖和同學去探望，但也沒有深入瞭解。畢竟當時他滿腦子都只想當律師。

因為從小生長在窮鄉僻壤的貧民窟，姚嘉文的碩士論文是《違章建築在私法上的地位》，當律師後也常出入違章建築向親友收集資料、免費提供法律諮詢。美國的亞洲協會，有一年補助臺灣人研究貧民問題。當時的律師界都研究海上保險、財產訴訟之類，沒有人研究貧民問題，於是亞洲協會找姚嘉文去舊金山柏克萊大學上課研究半年。姚嘉文大開眼界，在臺灣只有違章建築的資料，只討論訴訟，美國則是探討生存權、社會政策、社會福利。在黑人民權受重視之後，美國立法補助民間替貧民做法律服務，所以另外半年，讓姚嘉文去貧民法律援助基金會，把法律服務帶回臺灣。

姚嘉文發現，在臺灣僅僅提供窮人法律服務還不足以解決問題，需要社會福利法、勞工法等。還有戒嚴法禁止成立社團，所以必須改革法律、解除戒嚴才行。改革法律也還不夠，因為立法、修法的是國會，而臺灣的國會對臺灣貧民問題沒有興趣，只對大陸救災、香港調景嶺貧民等問題感興趣，需要全面改選才行。

姚嘉文寫成報告寄回臺灣，臺大教授要他刪除國會改選的訴求，說寫到法律改革就好。陳儀深主編《從建黨到執政：民進黨相關人物訪問紀錄》的口述歷史中，記載了姚嘉文上述的回憶。讀者會問：為什麼大學生只想著考律師，不會想研究白色恐怖的原委；為什麼律師界只研究保險和財產訴訟，沒有人研究貧民問題；為什麼學術界只看見違章建築的違法訴訟問題，看不見窮人生存權；為什麼臺灣的國會對解決臺灣貧民問題沒有興趣？

更精采的是，姚嘉文回臺灣前，受邀到雅加達世界法律會議發表論文。他講完貧民法律服務問題，美國、英國、香港、日本、印度律師都反對。可以說比較正常的民主國家的律師都反對，說姚離題、超出範圍，政治改革、國會改選不是律師的義務。只有韓國、印尼的律師贊成，韓國律師說：「如果法律不好，如果國會不正常，律師只是提供免費法律服務幫忙窮人是不夠的，貧民問題是政治問題。」

英美律師不瞭解社會情形，他們沒有萬年國會，而是以正常國家的框架來思考，如果貧民服務還要透過國會改選，明顯撈過界。只有韓國、印尼的律師清楚活在專制政權下是怎麼回事，知道問題的根源就是黨國體制本身。

這兩種反應，已經回答了，為什麼當時臺灣大學生、學界、律師界、國會，都對臺灣貧民問題沒有興趣、對臺灣各種社會問題都沒有興趣。

雖然住在臺灣，但至少有一半人，精神上認為自己住在英、美那樣的正常國家。他們相信貧窮問題是窮人自己要負責，不關政治的事。但是英、美政府對窮人所負的一點責任，臺灣也沒打算負擔，沒有美國的補助、生存權、社會政策、社會福利研究。英國《社會不平等》、《收入不平等》兩書描述英國公共衛生學界對窮人念茲在茲，長期研究貧富懸殊如何殘害身心健康，導致減壽、心理問題和貧窮世襲。臺灣的傳統則是視而不見。許多人留學、外派、讀翻譯書、出國開會；許多公務員、民代、首長年年公費出國考察，第三世界的現實和英美正常國家的認知裂縫，時時都在悄聲叩問他們，搖晃他們。但他們聽而不聞。這兩種時間，穩定、封閉地彼此隔離開來。

背對歷史發大財

有一種戒嚴想像是，兩蔣時期是臺灣最好的時光，政治清廉，經濟起飛，繁榮安定。大有為政府以十大建設、科技政策帶動產業發展，年輕人有目標有理想，仍願意犧牲玩樂付出努力，來臺大，去美國，當兵衛國，買房成家，傳宗接代。昔日多美好，一切都沒有問題。

有一種現在的圖像是，就算解嚴前有過一些小問題，但現在也都沒有了。現在的社會已經太民主、太自由，想做什麼都可以，結果大家都不守規矩。其實中國人不適合民主，一民主就會亂，政治一不穩定，外商、外資就不敢投資臺灣、跟臺灣做生意，影響臺灣經濟，到時候變成菲律賓，社會成本太高。

民進黨和媒體名嘴就是社會亂源，出來鬧事都是有心人士，學生也是年少無知被利用，老百姓做人應該安分守己，不要擾亂社會秩序，不要使用暴力，就不會有警察找你麻煩。

民進黨上臺，去中國化太嚴重，教改把年輕學生都洗腦成天然獨，害大家現在都不能講支持國民黨、要統一了，一講別人都會用異樣眼光看你，排擠你，根本搞綠色恐怖，大家連言論自由都沒有了。

年輕人領22K整天鬼叫，還有名校生跑去澳洲打工當屠夫，整個斯文掃地，居然還怪臺灣薪水低，不檢討自己有沒有競爭力。看看別人，摸著良心檢討自己有沒有大陸人的狼性，上課有沒有陸生那麼積極發問。大陸高考、求職競爭比臺灣激烈幾百倍，每個人都不擇手段求生存，你是不是有人家十倍的努力，如果沒有就不要再抱怨。有能力的人都去大陸領高薪，你已經來不及了。

中國崛起，我很驕傲。歐亞高鐵、一帶一路、亞投行，習近平帶領中國人超英趕美，進軍亞洲、非洲、中南美洲、南太平洋，就好像漢武帝經略四方，豐功偉業前所未有。跟美國並駕齊驅領導世界，一掃鴉片戰爭的恥辱，中國人終於站起來了。既然臺灣人可以雞犬升天，跟著一起賺錢，哪有把錢往外推的道理？

動盪巨變的時間：解嚴，解除黨禁、報禁。一九八二年開始蘭嶼反惡靈運動拒絕核廢料。一九八七年開始反核四。一九八八年開始臺灣原住民族還我土地運動。二〇〇〇年祁家威開始為同性婚姻登記聲請解釋。二〇〇四年「樂生青年聯盟」為樂生療養院舊院區保留運動上街頭。二〇〇八年臺東環保聯盟舉辦「搶救杉原海灣大遊行」。當年陳雲林來臺，臺灣警力折斷國旗、打傷群眾，臺大師生到行政院靜坐抗議，民進黨發動圍城遊行，產生野草莓學運。二〇一〇年華光社區居民請願抵抗拆遷。二〇一二年士林文林苑都市更新拆王家，臺大校慶學生抗議臺大告紹興社區居民，反旺中，也開始了苑裡反風車自救運動，勞動部告關廠工人自救運動。二〇一三年洪仲丘之死引發白衫軍運動，大埔毀田拆遷事件……在永恆靜止的時間中，這些事件都不曾發生，走過也未留下痕跡。

即使政黨輪替，暴露出二二八、白色恐怖的真相，或反服貿、反送中運動的血腥照片、影片驚破了寂寥，那靜謐牧歌般的靜止時間會突然走鐘，像地震般顫抖一下，讓棲於鐘面的人們猝然感到認知動搖、人格分裂，被傾斜的鐘面拋離現實，被震脫畫框。然而，隔天他們就會忘了這些，很快又會恢復平衡和寂靜。

他們還是覺得，要簽兩岸和平協議，臺灣才有保障。新聞評論員黃智賢設定的選項不是現狀獨立或統一，而是文統或武統。她否定現狀不統不獨能撐下去，說：「如果和平統一的機會沒有了，就只剩武統。」臺師大東亞系退休教授潘朝陽主張民進黨執政會宣布臺獨，導致中共統一。他表示，三十年來綠色政權臺獨教育非常成功，一〇八課綱是臺獨最後一塊拼圖，如果二〇二〇年大選，藍營沒辦法贏得政權，教育臺獨就可以走到法理臺獨，如果二〇二〇年韓國瑜輸掉，藍營會分裂，就不用玩了，臺灣的命運就會交給習近平決定。

有一種未來，正在這種時間之中醞釀成真。

他們活在方芮欣的夢境之中。

你穿越的，是哪一個時間？

方芮欣是國片《返校》的女主角。本片就像電影《神鬼認證》，始於失憶的主角，帶領同樣一無所知的觀眾，探索危險、陌生、怪物出沒的暗夜異境，逐步揭露謎底。本片製作出連接兩種時間的跨時旅行，它是那麼精巧，使乘客難以察覺自己通過了邊界。《返校》全片分成三段。前兩段是高三生方芮欣的觀點「惡夢」、「告密者」。第三段主要是學弟魏仲廷的觀點「活下來的人」。

「惡夢」是方芮欣自述在教室睡著，入夜醒來，大家都走了。她在漆黑、廢墟般的校舍迷宮持燭照路，卻受困回不了家，在校內莫名其妙撞鬼。只知道有怪物和女鬼追殺她，但她不知道原因。

這段呈現了方芮欣的靜止時間。許多老一輩的國民黨支持者，在民進黨執政期間，都感覺遭遇了方芮欣所受的迫害，「我什麼都沒做，為什麼大家都罵我。」雖然他們親身經歷戒嚴，但由於封鎖新聞，童年時對二二八不明所以，成長階段不知道白色恐怖、政治暗殺，對於社會問題事不關己。解嚴後聽說了，仍覺得紀念二二八不是追究國民黨政府，而是本省人追殺外省人、民進黨追殺國民黨支持者，等於對他們再來一次二二八。一是因為他們從沒舉報或刑求別人，所以自覺無辜；二是只要聽人罵國民黨，就像在罵他們。所以一聽就不悅、厭煩，寧願擱置，要民進黨別再消費二二八，放過大家行嗎？

「告密者」呈現了方芮欣的謎底：「我不知道事情怎會變成這樣」，這是電影駭入年輕觀眾意識防火牆後傳送的密語。賽博龐克（Cyberpunk）類型立基於高科技帝國勢力對比底層脆弱渺小的個人，本片創造了宛如賽博龐克的落差，雖明言故事發生在民國五十一年，卻把校園生活風格定調成青春偶像劇《那一年，我們一起追的女孩》、《我的少女時代》等校園電影。年輕一輩的國民黨支持者，沒有親身經歷戒嚴，呼吸自由就像空氣一樣難以察覺，所以也無法想像失去自由是怎麼回事。他們覺得，雖然大家說中國不自由，但在上海旅遊過得挺好，翻牆滑臉書也沒問題，那麼統一了當然也不會有什麼問題。白色恐怖的肅殺程度他們無法理解，看了只覺得就像報上天天有車禍命案受害者，與自己無關。本片就是以今寫昔的穿越劇，透過同一名詞在不同時代意外疊合的不同意義做為動力，穿越在危險和安全間漂浮不定的情境定義，將觀眾一層層接力偷渡到另一種時間去。

是過去的白恐，還是相對安全的現在？

「讀書會」

歷史上的禁書讀書會，是熱血憤青在關心工人、農民貧病沒飯吃，批判權貴階級，研究臺灣歷史和殖民問題何去何從，更甚者透過組織、文宣、招募開展運動。若放在今天，他們可能會聊聊低薪高工時，無住屋問題出在哪裡，長照缺工要怎麼解決。

但片中的禁書讀書會，等於安親班。看禁書的學生很乖，像K書考試一樣只抄書、聽老師講，不會討論內容、發問或爭辯。他們就像青春片一樣打鬧、屁孩互虧，心智年齡比歷史人物調降十多歲。

讀書會的學生魏仲廷問張老師，同學阿聖來了讀書會不讀書，只玩布袋戲，為何要冒險讓阿聖參加。張老師回答：「其實我小時候跟他一樣，上課不上課，喜歡偷畫畫，只要當年老師有個地方讓我盡情畫，現在我就不會是美術老師了。」意謂讓天賦自由，他就能當畫家。張老師隨即引用泰戈爾的詩，「樹葉有愛時，便化成花朵。花朵敬拜，結出果實。埋在地下的樹根使樹枝產生果實，卻並不要求什麼報酬」，展現春風化雨的無私。

其實果實再怎麼樣也不會把整棵樹都害死，樹也不會害死果實。但讀書會吸收成員，就像特務系統吸收臥底那樣謹慎敏感觀察，方方面面確認你同懷左派理想熱情，並且嘴巴夠緊靠得住，才會冒險出櫃。否則一個新成員走漏風聲，所有人就像整串肉粽被警總拎走。

如果張老師只是想讓阿聖有個地方玩布袋戲，也不用讓阿聖冒生命危險參加讀書會。現在的學生開「讀書會」研究功課寫報告、交流知識，都很安全。張老師所說的讀書會宗旨，和選擇成員的方針，都是現代很安全的這種讀書會，不是禁書年代那種讀書會。

「禁書」

電影中讀書會所選的泰戈爾《漂鳥集》、屠格涅夫《父與子》或《苦悶的象徵》，徹底非政治，為什麼會查禁？翻譯家賴慈芸為文說明了，當年只因忌諱中國譯者而禁，所以是中國翻譯版本被禁，臺灣翻譯版本不禁。而且中國翻譯版本在民國四十八年已合法，電影寫明故事背景在民國五十一年，都不是禁書。

原來禁書的犯罪成分也有差別，片中選書的犯罪性質卻稀薄得出奇。為什麼電影要選這些內容很安全、「其實不是禁書」的書？讀書會冒死讀這些書，想要什麼？電影為合理化劇情，用字卡設下前提：當時，連只是談論自由的書籍，都會被禁。這規則也是電影虛構的，其實極權社會樂見人民退入精神自由，阿Q不問世事。如果光談精神自由，安全的書太多了，課本中的〈桃花源記〉、〈五柳先生傳〉也在歌頌「逃跑雖可恥但有用」的自由，觀眾不知道師生為什麼冒險讀禁書，著眼點何在。

片中另加解釋，帶讀書會的殷老師說，泰戈爾不只寫詩，還有反英殖民言論。如果讀泰戈爾是因為他反殖民，那為什麼不讀他的反殖民言論，鎖起門來卻讀安全的詩集？

因為本片需要一些「其實不是禁書」的禁書，才能安排這些「其實不是憤青」的師生被捕。片中被檢舉受害的學生不可置信問了一句，「為什麼會變成這樣，只是看幾本書而已。」本片的禁書書單是這句話的補強，作證師生的無辜。因為任何真正的不滿、不滿言論，都會驚醒處於靜止時間的觀眾，與之劃清界線。既然非我族類，對他們的受害也就漠然，事不關己。必須是徹底去政治化的讀書會受害，才能打動處於靜止時間的觀眾。

「看禁書」

片中異議分子黃老師被捕，風聲鶴唳。所以，殷老師要停止讀書會。學生爭取繼續，所以改為把書一個看完傳一個。

後人說「看禁書」，意思是學生看租書店裡的武俠、言情小說漫畫，租一套在班上你看完換我再換他，一個看完傳一個。固然搜書包查到要沒收，家裡發現也會不顧哀求拿去丟；但絕非白色恐怖時代「看禁書」會人頭落地。第一後果太嚴重，第二在學校頻繁傳遞也太容易被抓，大家不敢這麼做。所以角色會頻繁傳遞禁書的環境，其實是安全的現在。

喊「國家殺人」

片中憲兵軍車猝然襲擊高中升旗典禮，把讀書會黃老師拖出教室。黃企圖抵抗，被暴力壓制，當眾大喊「國家殺人」響徹雲霄。

二〇一四年反服貿抗爭者會喊的人權話語「警察打人」，前提是公眾認為警察不可以隨便打人，要符合法律規範、按照比例原則，警察違法應該要挨告受罰。

白色恐怖年代，公認「警察打人本來就是你活該被打」。沒有民主法治觀念，朝會灌輸的是聽話守秩序不要做害群之馬，標語貼的是檢舉匪諜人人有責。國家常常都在殺人，大家並沒有覺得處決死刑犯不對。所以這句話背後的環境，也是安全的現在。

「蓋布袋」

片中受害者被捕時，憲兵就給他套個麻袋兜頭兜臉蓋住，軍車載走。無論是槍決或吊死，也都用麻袋套頭。透出血跡的麻袋，成為惡夢中最大的控訴。

現實中，校園學生尋仇打人，為了不讓受害者掌握是誰行凶，所以「蓋布袋」匿名報復。或綁匪抓人上車開到藏匿地點，怕人質認得路，獲釋以後帶警察來老巢抓人，所以要替人質蒙眼。因為民間雙方行使暴力的能力較相近，才需要套麻袋。

但政府和人民行使暴力的能力懸殊，白色恐怖抓人一向公開，事後還透過廣播、電視、報紙來警告公眾，不會套麻袋。

「抓耙仔」

片中讀書會學生視阿聖為告密者，把他關進掃具櫃處罰，櫃門上塗滿「背叛」之類辱罵字眼。

現在校園說「抓耙仔」，是說一群人翹課、作弊被你告密，氣不過就整你報復你。白色恐怖年代，就如ＰＴＴ網民以自身鄉里經驗指出的，有人因為小事告密，害別人被關，結果村里全部人都恨他怕他，沒人敢跟他講話。誰動了手懲罰告密者，明天被警總抓走的可能就是你。片中演的，其實是現在校園懲罰「抓耙仔」的手段。

反抗亡國感，得找到與對立者溝通的頻道波段。用持續、有策略的溝通，取代直接亮拳頭對抗、用投票毀滅對方。南韓公民電影《辯護人》、《我只是個計程車司機》、《一九八七：黎明到來的那一天》說覺青的語言，《返校》說國民黨支持者、中間選民的語言，無壓力的溝通。

本片人物們的想法、反應、行動，表示他們絲毫不覺得白色恐怖存在。把校園青春片的打屁、戀愛，直接跳接到警總刑求、死刑，就完成了對白色恐怖的想像。這事件並不像字卡說的、發生在民國五十一年，而是現在。對於靜止時間——對白色恐怖一無所知的——的青少年觀眾而言，它把觀眾自身引渡到了一個事前無可預料的陰慘結局。

政府懲罰你的界線在哪，你本來不知道，覺得很安全。等到親身受害了才知道。

你要的是哪一種自由？

許多國民黨支持者不承認有白色恐怖，並不限於堅持政府沒處決人。

對白色恐怖的認知程度，表面上有事實或意見的差別。否認白色恐怖的人，在歷史出土前，否認有無辜受害者被關、被殺；在情治檔案解密、口述歷史證明真有其事，承認事實以後，他們的意見仍堅持政府殺人是對的，如果不殺這麼多人，政權就不保，臺灣就會淪陷。等於許多中國人一方面否認有所謂六四屠殺，一方面支持政府六四屠殺。事實認定雖南轅北轍，實際上並不衝突，它們是同一種態度。

看起來會像是兩種，是因為它拒絕因資訊揭露而改變。血腥消息公諸於世，原本信賴政府的群眾，應會動搖、改觀；但他們拒絕不符原先認知的資訊，下意識削足適履，扭曲現實來配合原有的觀念。所以他們的不變，反而像是改變。

否認和支持不是兩種態度，是同一種態度的兩種話術。同一個人，遇到在事實認定上可以蒙騙的人，就說屠殺是捏造的假新聞；遇到不能蒙騙的人，就肯定政府鎮壓。兩種話術，只是為了因應對方掌握的資訊程度而隨時替換使用。

即使政府罪行曝光，很多人仍不承認有白色恐怖，只承認有抓匪諜，異議分子就等於匪諜，該抓。這種價值觀無異於警總理所當然把每個異議分子視為組織叛亂犯，把每個組織叛亂犯長期關押、處死。持此看法者，至今也主張，香港反送中暴民既然擾亂社會就該鎮壓，李明哲跑去人家的家裡（中國）顛覆政府，被抓是活該。他們覺得戒嚴無所謂，沒什麼不好，只要不反抗政府，就不會被抓；臺灣政府只要不反抗中共，就不會被武統；將來被統一了也沒關係，等於重新戒嚴，只要個人不反抗中共，就不會受影響，所以支持者願意把票投給追求統一的國民黨。

一些觀眾看完《返校》的感想是：「變成這樣誰都沒有錯，是時代的錯」、「在那個時代本來就是這樣，不要用現在的價值觀去批判過去的人。」這樣說的人，其價值觀從戒嚴到現在也沒有民主化過，都無視社會上被犧牲的那些人。解嚴沒能改變他們的價值觀，從未翻身做主人，仍在追求做一個順民的自由。

從讀書會到張老師和方芮欣約會，都在說想要自由。但那是什麼樣的自由？張老師要的自由，是如空谷水仙花般「活在自己的世界裡，不用管別人的眼光」，不是反抗，而是做避秦隱士的自由。片中警總刑求者恐嚇讀書會被捕學生魏仲廷「再不招就拖出去斃了」，魏仲廷原本守諾不出賣同伴，但張老師臨刑遺言要魏仲廷活下去；方芮欣同樣含淚送行要魏仲廷活下去。所以魏仲廷轉而對刑求者說：「我要活下去，你們說我是什麼，我都招。」那麼，可以出賣無辜者受死，換取自己活下去嗎？電影沒有回答。

其實在現實中，許多人不招反而活了下來。因為定罪需要口供做為唯一罪證。警總「招了一定不死，不招一定會死」這樣設定議題高壓誤導的選擇框架，等於黃智賢說，如果臺灣拒絕被文統，那麼注定被武統而淪陷。兩者都提倡任人宰割的美德，說服觀眾背叛別無選擇，團結毫無可能。張老師沒實踐他遺書的理念「致自由」，在他的勸告中只有到奴役之路。

殷海光基金會董事長錢永祥說，「殷海光到了臺灣之後，特別是他接觸到了西方像是海耶克，或者是波普這樣的思想家以後，他才痛定思痛，發現說原來自由主義是一套非常複雜、非常深沉的哲學理論，你追求自由主義，跟你口號式的自由民主是完全兩回事情。」（《臺灣百年人物誌2》）《返校》裡，人們有做奴隸的自由，而沒有做自己主人的自由。角色最終的轉變是擁抱了做奴隸換取活下去的自由，然而不爭取，哪會有自由。

恐懼的關鍵：你本來不知道

白色恐怖受難者和家屬觀賞《返校》後，一位受難者老人自述當年被抓的情形：一九四五年臺灣流行魯迅、巴金、茅盾，並不禁止，讀書會也是公開的。一九四九年他高三時參與讀書會，次年被捕。他說今年十二歲的孫子剛讀國一，看完《返校》回家沉浸電影情緒中幾個鐘頭，然後才驚覺，電影情節和現實中爺爺坐牢居然是有關的。他表示很高興電影能將他們的經驗傳達給年輕人，激起關心。

臺灣的戒嚴傷痕小說，集中於七〇、八〇年代發表，單行本多已絕版。歷史記憶再度斷層失落，即使受難者就是自己在世的爺爺，也不例外。如果《返校》劇情使今日的國、高中生如此震撼、陌生、耳目一新，說明了白色恐怖四個字，雖然大家耳熟能詳，其內涵卻早已被遺忘。臺灣文化沉默保衛了靜止時間，執行得非常到位，掏空了恐怖兩字的情緒意義。只從字面得知的人，沒人覺得它恐怖，直到《返校》搭橋重建。

為什麼國民黨支持者相信統一會沒事？因為他們相信，不反抗就沒事。反服貿、反送中，上街抗議本來就該打。《返校》揭露，政府製造恐怖的前提是，沒有人知道紅線劃在哪裡。方芮欣以為她舉報殷老師，後果僅止於殷被開除；後來發現八人入獄、多數處決，她大駭崩潰。

正常民主國家，立法要先公布溝通，否則民代可能駁回法案，行政命令也可能遭輿論抗議而撤回。法律不能不教而殺，必須事先劃定清楚界線，也不能因特權而有別。可是，中國從未公布禁書書單、禁唱、禁演名單，被舉報者不為人知地消失。中國立法的方式是殺雞儆猴，直到出現知名犧牲者，大家才發現原來這樣也會有事。周子瑜揮舞國旗算臺獨，戴立忍參與反核算臺獨，嘻哈歌手 PG One 從當紅節目中被消失，都在刷新定義。製造恐懼的關鍵不是暴力，而是：你本來不知道。沒有人知道。

骷髏頭和染血屍體標出危險界線，群眾只知道一窩蜂地逃命，但沒人知道同樣條件，為什麼這人出事、那人卻沒受罰。也沒人知道誰會是下一個犧牲者。

恐懼有滾雪球擴大的複利效果。即使保守派願意在統一後當順民，但也許哪天有個方芮欣想要搶你男友或老公，搶你客戶，搶你孩子的直升名額，搶你的租屋，搶你的升遷機會，乾脆就誣告你叛亂。也許有個魏仲廷在牢裡決心要活下來，刑求者宣布不招供就處決，既然同夥都被處決了，所以他就把不相干的你供出來，你沒做的事情他也說你有做，而你根本證明不了你沒做。

如果你是稽核人員、驗收人員、警察、法官，同僚都收紅包而你不拿，說不定就有人怕你告發貪汙，先下手為強檢舉你叛亂。如果預先知道有這種風險，那麼大家絕對不會得罪人。無論是工廠生產三聚氰胺毒奶也好，地溝油也好，當局收到檢舉，稽核員也只會先打電話向工廠通風報信，再到現場應卯，檢舉一百次也沒用。無論大樓、道路、橋梁偷工減料，小學是豆腐渣工程，驗收人員也不敢擋人財路。遊客可能因火災燒死在戲院、餐廳、KTV、飯店，或是居民燒死在公司、住處，因為消防單位收了錢，所以消防檢查做得不到位。

現在可能不時聽說哪個朋友親戚得癌症，將來會聽說哪個親友被抓因為講話不小心。兩者同樣致人於死，個人力量渺小無以控制自身命運。結果你只能緊張檢查自己哪句話、哪個動作可能被誤會，不斷切割，總之誰也不能相信誰。

舉報就是將國家暴力廣泛分配，全民收到一支遙控器。看誰不順眼，以前忍氣吞聲。現在有遙控器可隨心所欲隔空引爆對方，想毀滅誰就毀滅誰。拿刀殺人要坐牢償命，但舉報誰也不知道是你幹的；你撒謊也不用負責，刑求就是要被害者自證舉報屬實。

這足以把人人變成恐怖分子。以前餐廳消費客訴，小孩哭鬧奔撞擾人被店家請出去、排隊等太久投訴店家服務態度差，頂多上網爆料出氣。現在就算擦撞路人，沒料到他剛吵架一團火沒處發，決心讓你消失，都很容易。

白色恐怖是怎樣，你本來不知道，但是你現在知道了。那麼統一這選項，或許看起來就沒那麼安全了。《返校》看似寫過去傷痛，其實解釋了臺灣為何成為現在百廢待舉的臺灣，也在描述統一後的未來。香港《十年》等電影看似預言，卻在描述現在，都在和遺忘、逃避做鬥爭。它們都在對反抗者說：不要放棄。

今日的反抗，是明日民主深度扎根的實力

停滯時間的無窮延續，說明了國民黨會用盡手段謀求繼續壟斷既得利益，而許多支持者同樣厭惡改革，即使改革實際上對他們有利。他們極願意用言論自由、選舉等民主手段剝奪自身享有的民主自由，追求統一。在動盪的時間中，亡國感是遲來的警訊，敲醒珍惜民主的群眾，停止否認現實危急。不願被剝奪，必須行動保護自己的生活方式。民進黨政府有責任管制劍橋分析政治公關公司式的操縱誤導，而群眾也應開發本身的抗

爭手段。香港的反送中抗爭每天回應政府施壓而出新招，臺灣也該這麼做。因為國民黨依賴的是黨國媒體、地方派系、公務體系官僚習氣等傳統優勢，真正的競爭力只能在積極解決問題的過程中產生。今天的戰鬥，就是明天民主深度扎根所賴的實力。

有人評論《返校》刻劃人性不如韓國公民電影《我只是個計程車司機》、《一九八七：黎明到來的那一天》等深刻；但因國片起步遲，追趕未晚。但《返校》監製李烈兩年前已澄清：「《返校》本身是一款以『人』為出發點的故事，因此不希望在政治方面有太多著墨。希望大家不要再以白色恐怖這樣的背景，而誤將焦點放到了政治議題上。」「《返校》只是將時代背景設定在那個時候，整部作品的重點還是在『人』所發生的故事。」不是《返校》比不上韓國公民電影，是沒有要拍公民電影。

反送中有人主張和理非（和平理性非暴力），也有勇武抗爭者。即使是同一個抗爭者，在警察和平對峙時和理非；遇到暴警，也會勇武。自我設限不能勇武、或不能和理非，都是自斷手腳。《返校》是和理非，有和理非的優點：「無壓力容易深入人心」，也有和理非的弱點：「維護現狀不期待改變」。有弱點並不是和理非應該面面俱到更完美，而是留下勇武接力的空間。既然和理非開了路，勇武派不上前迎戰，就白廢和理非建立的優勢。

亡國感的壓力固然時時侵蝕你的意志，但也在逼迫你反抗。若沒有壓力，你可以在民主社會繼續當個奴隸，再一百年也不會有人發現。現在卻得站起來，為你未來的命運負責。歷史向你索取的無他，就是要你成為你自己。

盧郁佳

曾任《自由時報》主編、臺北之音電臺主持、《Premiere首映》雜誌總編、《明日報》、《蘋果日報》主編、金石堂書店行銷總監，現職寫作。獲《聯合報》等文學獎，著有《帽田雪人》、《愛比死更冷》等書。

黃哲斌

樂園的選擇

——從言論與資訊自由被剝奪看亡國感的生成

我在臺北街角，幾次看見一輛奇特的改裝貨車，車側並排懸掛臺灣與美國國旗，車內關著幾隻黃狗，車尾豎立幾尊佛像，原本應是車牌的位置，有一醒目橫幅，紅底白字寫著「蔡總統大狗園」，當我接近，車旁犬隻警戒地猛吠起來。我曾匆匆一瞥貨車主人，一位矮小、打赤腳、穿僧服的中年男子，我從未與他交談，儘管我對他混搭、意義不明的活動裝置感興趣。從動物保護的觀點，你可以質疑他的做法與動機；然而從另一角度，這輛貨車正是臺灣的某種寫照：嘈亂，拼貼，異想天開，有點歇斯底里，凡事都能沾上政治，人人都能發表意見，但只要不傷害他人，沒人會找你麻煩。

這種容許個人脫軌的自由，並非天經地義。

不久前，中國湖南一名男子王美余，傳出在獄中暴斃，他的妻子只准瞄一眼遺體，就被警方架離。王妻曹曙霞曾對外表示，丈夫臉部頭部多處瘀傷，懷疑被毆打致死。維權律師謝陽準備介入調查，卻被警方控制行動，強制送上高鐵驅離；就連曹曙霞，也被軟禁在家，不得與外界聯繫。

你或許好奇，這位只活了三十八年的王美余，究竟犯了什麼罪？答案是，二〇一八年起，他多次在長沙街頭，拿著一張A3大小的白紙，上面手寫「強烈要求習近平、李克強等立即下臺，讓位全民選舉」。

可以確定，別說是A3白紙，如果有人在臺北街頭，舉著房地產廣告大小的木牌，訴求蔡英文、蘇貞昌下臺，幾乎不會引起任何騷動，更不會招來牢獄之災。然而，王美余先是不斷被公安騷擾，家中網路幾乎斷線，二〇一九年七月，他當街被十幾名公安擄走，家屬無法得知任何訊息，三天後，公安局才送來一張拘留通知書，聲稱王美余涉及「尋釁滋事罪」，兩個多月後，他就在看守所內「被死亡」。

王美余只是中國公民「被消失」、「被自殺」、「被死亡」的眾多例子之一。二〇一八年七月，三十歲女子董瓊瑤在上海一棟大樓前，網路直播向習近平畫像潑墨，抗議政府洗腦監控，當天下午，她就在家被捕，社群帳號被封，從此失去音訊，「潑墨」一度變成中國網路禁詞。

中國異議藝術工作者華涌，曾直播訪問董瓊瑤的父親，董父批評習近平把自己當皇帝，並表示願意代替女兒受刑，當天晚上，華涌與董父都被公安破門抓走。董瓊瑤至今行蹤成謎，她母親表示，上海政府認定女兒「有精神疾病」，將她關進湖南一處精神病院，董母不服，要求獨立公正單位鑑定，但官方拒絕，也不願向外國媒體證實此事。

除了王美余與董瓊瑤，除了劉曉波與著名的《零八憲章》，你還可以搜尋李旺陽、張六毛、楊天水、黃琦、危志立、張賈龍、趙威、王默……你會看到一長串令人驚異的真實故事（當然，如果你在中國，很可能搜不到）。他們大多只是發表言論，或者倡議人權，或者鼓吹民主，或者支持香港，就可能被關進狹小的囚室裡，十幾人擠在木頭或水泥地板上，睡覺翻身要講好大家一起翻，共用沒有遮蔽的廁所與浴室，每天還要排成兩列，接受電視螢幕上的政治教育。

而且，他們這輩子可能無法走出監獄，就像王美余。

我想說的第一件事，就是生活在臺灣，自由像空氣一樣免費、無限供應、彷彿理所當然；然而，在有些國家，即使爭取最微小的自由，都可能讓人窒息，或付出龐大代價。

面對一個「維尼熊」都是敏感詞的零幽默感政府，我常想起「蔡總統大狗園」，以及我們身邊種種活潑的、調皮的、搞怪的、憂焚的、不符社會規格的、強烈挑釁體制的想法與行動，這些想法或行動有時尖銳刺耳，讓人不適，卻是一個正常人類社會的分布狀態，不但撐開思想與創作的自由空間，更是群體自我辯證、自我反思、自我修正、自我改良的免疫蛋白。

反觀中國，寡頭獨裁、個人崇拜、思想控制，加上科技監控，中國已煉成一整套反烏托邦與政治寓言小說的合訂本，傑克倫敦《鐵蹄》、尤金．薩米爾欽《我們》、歐威爾

《一九八四》、赫胥黎《美麗新世界》、雷・布萊伯利《華氏451度》、赫拉巴爾《過於喧囂的孤獨》、米蘭昆德拉《玩笑》，幾乎每本書裡，你都能看到今日中國的影子，彷彿它們是預先編寫的二十一世紀共產黨行動指南。

來自「厲害國」的大麻煩

更糟的是，你知道這個「厲害國」並非虛構，而且就在我們隔壁。對於不具國共戰爭情結的後千禧世代，他們不免有種倒霉感，像是有個不熟的鄰居，動不動跑進你家，雙手四處比劃，宣稱這個、那個全都是他的，你也是他的，如果不同意，他很樂意揍你一頓，再全部搶走。

他的小偷清單裡，顯然包括兩種珍貴物品，兩種多數人不願放棄的非物質財產，一是上面舉例的言論自由，二是下面要談的資訊自由。

先掏口袋，我有個檔案夾，檔名是「中國大麻煩」，蒐羅一些厲害國的神奇事蹟，例如：

——二〇一九年八月，推特刪除了約一千個帳號，聲稱它們刻意散布香港抗爭的不實訊息，並指向中國政府幕後主導，另有二十萬個帳號被停權；二〇一三年，北京市宣傳部長公開宣稱，光是北京「體制內與體制外」的宣傳人員，就有兩百多萬人；

——中國政府為了全面監控網路，將部分審查工作外包民間企業，《紐約時報》調查，其中一家包裝為科技公司的審查工廠，僱用人力從二〇一六年的兩百人，三年後暴增二十倍，根據該公司的資料庫，共有十幾萬個基礎敏感詞、兩百多萬個衍生詞，就連引用《一九八四》書中內容，都在禁止之列；

——近幾年，中國大刀砍向所謂「自媒體」，官方資料自稱，截至二〇一八年底，各平臺刪除「違法違規」文章四十九．六萬篇、關閉帳號十一萬個；被稱為「標題黨女王」、曾擁有一千六百萬名追隨者的咪蒙也被封號，一說因為某篇爭議文章涉及造假，一說因為該文批評中國社會貧富不均；

——社群媒體帳號被註銷，中國簡稱「炸號」，香港中文大學政治與行政學系學者周保松，在一篇長文描述他八度「微博炸號」的經驗，官方從未說明封殺的原因，當然無從申訴。他被炸後，幾度重新申請帳號復活，從「周保松」、「保松周」再到「松保周」，每次被炸，自己雖能登入，其他人卻永遠看不到，他從此像是「微博世界的幽靈」。他因而批評，此舉硬生生拔除網路書寫者的歷史、記憶，及用心建立的各種聯繫，是一種最羞辱人性尊嚴的方式；

——中國的網路控制，不只在防火長城內，也逐漸擴及城外，根據英國《衛報》報導，全球風靡的短影音程式「抖音」，海外版本照樣過濾天安門、臺灣獨立、法輪功等關鍵詞；美國一智庫直接警告，「抖音」會蒐集臉部辨識資料，同時上傳用戶地理背景，若用戶是美國軍人，將成為中國蒐集情資的間諜工具；

——美國最熱門的論壇網站 reddit（類似臺灣的 Dcard），二〇一九年二月獲騰訊投資一．五億美元，reddit 用戶抱怨，來自中國的網軍愈發猖獗，例如華為孟晚秋遭捕後，加拿大分版引來中國用戶大量留言轟炸；香港街頭抗爭期間，異議人士指控 reddit 官方，審查過濾香港分版的貼文，刻意壓制抗爭運動相關訊息。

上述列表還可無限延伸，直到你睡著或嚇醒為止。我稱它們是「中國大麻煩」，主要有三個原因。

一是，這是中國內部的大麻煩。習近平掌權後，壓抑社會雜音的強度，已達匪夷所思的地步。例如，耽美小說（又稱「BL小說」）作家天一，被判刑十年；年輕漫畫家張冬寧因一系列「豬頭人」作品，遭斥為「精日辱華」而被刑拘；大學教室裝設監控器材，防止教授言論出軌，並鼓勵學生舉報老師；千辛萬苦拍完電影，官方一句話就永不見天日……更別提，新疆大規模集中營，讓中國蒙上「ChiNazi」（赤納粹）的罵名。

這一切，讓人不免好奇，共產黨為了維護政權及自身利益，究竟打算付出多少代價，將所有個體的思想自由一律壓扁、剪齊？這個十四億人口的國家，顯然快速駛離當年「改革開放」的願景，反向內縮為一個封閉、集權、高壓、人治凌越法治的政權，任何人都「不得妄議中央」，必須「緊密團結在黨的領導下」，稍稍逸出軌道，就以「顛覆國家政權」或「尋釁滋事罪」拘捕，以恐懼、宣傳與謊言做為三合一統治術。

第二，這也是臺灣等周邊國家的大麻煩。尤其針對臺灣，中國政府像是一個背後靈，三不五時跳到你背上。偏偏，中國的政治發展，早就與臺灣距離愈來愈遠，如今，我們無法想像一個無法任意上網、發表文章要提心吊膽，從網路到實體世界，國家全面監控，還幫你打分數，就連「寫BL小說、畫漫畫也會引來牢獄之災」的超高壓力鍋社會。

曾經，臺灣也走過那種歲月。作家柏楊曾因翻譯報端的「大力水手漫畫」，將一句對白「Fellows」譯作「告全國同胞書」，被認為諷刺蔣介石，就換來九年牢獄之災。

問題是，那是一九六八年，今日中國等於倒帶播放五十年前，兩蔣時代白色恐怖的肅殺記憶，讓原本不具戒嚴經驗的臺灣青年，生出自由剝奪感的心理抗體；加上香港街頭慘烈的肉身抗爭，充滿了末世廢墟的賭命決絕，觸動臺灣社會的共感與同情，也敲醒民間對於中共長期打壓的同命感。

上述種種，堪為《返校》電玩及電影大賣的免費廣告，這部創作如同香港的《十年》、南韓《華麗的假期》，是刺進時代脊梁的歷史／政治雙重啟蒙。

第三個麻煩是，中國的特殊體制，讓不同世代溝通困難。由於成長環境不同，教育體制不同，資訊接收來源不同，對於世界及政治自由的想像不同，育養出兩岸高度落差的年輕世代。臺灣多處校園的連儂牆爭議，固然反映雙方對政治爭議的寬容度不一，更凸顯兩岸青年「同年齡不同世代」的諷刺。

再往深一點挖掘，中國在「政治極度高壓、經濟縱情催發」的兩極發展下，民間除了少數異議者，絕大多數以功利掛帥，重物質，輕精神，並甘願犧牲個人自由，充作獨裁巨塔的人肉磚頭，千方百計為專制體制找藉口，甚至說出「防火長城是為了保護我們」、「我們有高度言論自由，只要不談政治就好」等辯詞，凡此種種，造就香港大學哲學博士曾瑞明在《端傳媒》文中的失魂大國：

中國在進入現代性（modernity）中，終於取得了它渴求的船堅炮利，卻成了它自己的反面：由被壓迫者成為壓迫者。人們的自由只變成了一種肉欲滿足的可能，而非有價值行為的條件。集體的共產理想的失落，變成每個人孤獨地自利。

內外因素交互之下，倍感焦慮的臺灣

兩岸難以調和的差異，致使香港抗爭事件中，臺灣青年與中國學生存在巨大鴻溝，甚至不斷摩擦，反因資訊經驗相近、政治想像類同，更能同理香港學生的憤怒與苦悶。

另一方面，臺灣內部也有自己的世代矛盾，就像其他西方國家，過去二十年，臺灣對於「世界工廠」的依賴，讓中國具備難以抗拒的磁吸力量，從政界到產業界，「搭中國便車」變成標準話術，生存本能讓他們無法切斷對岸臍帶，「兩岸一家親」則是政治表態的通關密語。

反而是青春世代，從反服貿運動、反親中資本併購媒體、支持香港反中，幾乎都以年輕人為主力，他們爭取的不是現下的經濟利益，而是未來的自由權利。在此矛盾下，不同世代扮演沉默而激烈的推力與拉力，尤其二〇一八年公投，同婚等議題清楚看見難以弭平的世代裂痕，以反同婚陣營為例，策略聯盟了保守宗教團體、反對黨、親中資本家及旗下媒體，在社會保守性包裝下，是一股往中國拖曳的隱性政治力，從社群媒體的民意反差來看，公投結果幾乎有種「被長輩推入火坑」的憤恨感。

二〇一八年選後，立場親中的媒體趁勝追擊，為拉抬特定政治人物，飽和轟炸的報導日趨誇張，就連手帕花紋、襯衫領口也能當作吹捧題材，終於招致反彈，大學生、店家發起拒看運動，對抗失控的新聞生態。

弔詭的是，當網路族群的訊息集散地轉往臉書、LINE、Instagram、YouTube等社群媒體，或PTT、Dcard、卡提諾等論壇式平臺，以往，公共議題被政治光譜不同的傳統媒體橫向切割；現在，加上不同資訊消費管道縱向切割，又有假新聞網站及內容農場介入，對於同一議題，我們看到的訊息面貌可能完全不同。由於缺乏共同的事實討論基礎，很難聚焦對話，甚至形塑極端意見。數位文化學者丹娜．波依德（danah boyd）稱此為「真相的碎片化」（The Fragmentation of Truth）。

由於數位資訊管道破碎而多元，且日益分歧；相形之下，近年收視人口不斷萎縮且老化的電視媒體，反而掌握大眾訊息傳播的優勢地位，尤其足以影響中老齡階層的政治立場與投票行為。

主要訊息管道的歧異、特定團體的網路風向操作，加上不同世代之間，對於主動搜尋、驗證訊息的能力落差，造成假資訊在臉書、Line 等平臺上流竄，同一家族的 Line 群組，經常是訊息糾錯的輪迴道，政治表態的修羅場；難以穿透的異溫層，逐漸堆疊出憂憤交加的挫折感。

綜上所述，重點筆記，二〇一九年的臺灣，同時經歷多重交錯的斷面現象，層層疊疊宛如千層麵：

——極權化、野心黷武、資訊鎖國、科技監控的中國；

——香港的現世肉搏，善用資源不對稱的末日資訊戰；

——臺灣內部紅色媒體、統促黨賣力現場演出；

——假新聞攻擊的警鈴大作，各種社群媒體的操作痕跡；

——二〇一八年到二〇二〇年，兩場關鍵選舉的劇烈震盪，尤其前者，讓人看見

「保守政黨與保守團體、保守世代合流」的選票威力展示。

上述一切的總和，臺灣等於被迫重修一堂歷史課、世代對話課、地緣政治課、媒體素養課，這些內在因素與外在因素交互作用，以及外力介入大選的焦躁感，絞搾出這股氣味濃重的「亡國感」。

最後，如何用一句話描繪這種焦慮？

反烏托邦小說開疆者《我們》，虛構一個高度集體化的世界，所有人穿著制服，遵從國家安排的時間表，沒有名字，只有編號，沒有個人隱私，每天生活在玻璃屋的透明空間裡，包括做愛也一樣；藉由麻醉藥物與基因控制，人類社會像是一部高度制約的精密機器，絕對服從無上的統治秩序，愛國是美德，自由是罪行，崇拜一切數據與紀律，最偉大的文學作品是「火車時刻表」。

這本高齡近九十歲的小說，如今像一部恐怖預言書，書中有一名句：「世上有兩個樂園，人們有權選擇：沒有自由的幸福，以及沒有幸福的自由。」

我們已經親眼目睹，「沒有自由的幸福」如何虛假而墮落，就像電影《楚門的世界》的木板布景；如果問我，所謂亡國感，譯成白話文就是：「謝謝不用了，我不想跟你同一國，我寧可選擇『沒有幸福的自由』。」

黃哲斌

曾任雜誌及報紙編輯、記者，以及新聞網站編採主管；目前為《天下雜誌》特約作者，著有《新聞不死，只是很喘：媒體數位轉型的中年危機》、《父親這回事：我們的迷惘與驚奇》等書。

中國政府如何利用假消息影響臺灣選舉？

沈伯洋

中國使用商業、外交或軍事方式，對其他國家發動操縱媒體與假新聞的行為，大概從二〇〇八年就已經開始。其一直肆無忌憚地在國際社會以破壞遊戲規則，協助數位極權、蒐集個資以及利用資訊干擾認知等方式來破壞民主。以科技業為例，像是美國、加拿大和德國，都在受害名單中，太陽能、鋁、LED等技術，都遭到不公平貿易的破壞。理論上，模仿是進步的象徵，但可怕的是，中國在獲取這些技術後，就想破壞自由競爭市場，進而再以資本威脅的方式，對市場予取予求。在各地個資被廣泛蒐集下，令人戰慄的資訊戰對中國來說已經不是遙不可及之事。

看到假新聞代表已被滲透到骨子裡了

二〇一八年十二月美國參議院委託智庫發布報告，內容是俄羅斯怎麼操縱美國的選舉。中國很多手法都是學習俄羅斯的，但學得不是很好，在介入臺灣選舉時沒有真正打到痛點。然而我們要知道，比較精細跟厲害的俄羅斯手法是什麼，以及如何預防？

俄羅斯的戰略模式有好幾步，假新聞通常是資訊戰戰略走到很後面，最後一步才是假新聞。如果今天發現有假新聞，表示已經到無法挽回的程度：因為前面已被滲透完畢了。如果沒有鋪陳，單純丟假新聞是沒效的，只會製造一些點閱率、傳播率，效用不大。要滲透到某個程度才會影響投票，這在前面甚至要三、四年鋪陳。所以當你看到假新聞時，就已經代表被滲透到骨子裡了。[1]

因此，在看待資訊攻擊時，必須有所認知，資訊接收有時跟真假無關，舉個黨產會的例子：黨產會曾注意到華興育幼院，認為有藏匿黨產之嫌，當時促轉會張天欽的不當言論剛發生，大家對轉型正義有負面想法，所以幾乎每家新聞的標題就是「黨產會連孤兒院都不放過」。大家看到轉型正義就已經印象不佳，不用看內容，光是標題就覺得轉型正義在亂搞。但今天如果新聞標題改成：「國民黨藏匿黨產，連孤兒院都不放過」呢？感覺可能就完全不一樣。

問題在於，兩個標題都不是假新聞，或許有情緒，但都是真新聞。這就是典型「偏頗攻擊」。要做到這樣，只要把特定新聞轉錄到第三方新聞網站，再改標題就好，很多人都不看新聞內容的。然後再把標題推到熱門十大新聞，熱門新聞可以用買的，大家一天花在新聞的時間可能十分鐘或五分鐘，今天熱門新聞是「黨產會連孤兒院都不放過」，印象馬上就變壞了，根本不需要假新聞。

更麻煩的是「敘事攻擊」。比如說，在一個月大量集中報導美國負面新聞，例如犯罪率高，經濟不好。只要透過大量網站複製，並貼到 LINE 群，就可以造成刻板印象。然後藉此印象讓人民覺得「跟美國站在一起很危險，只有跟中國在一起比較好」。假如你去買菜、去拜拜、去村里活動，也有一樣的謠言，甚至不用假新聞，偏誤就產生了，印象就偏差掉了。因此，絕對不能只注意假新聞，一方面假新聞是很末端的問題，二方面「假」這件事情本身不是那麼重要，因為很多事情是利用標題等誤導，就有辦法引導人們走上他所要的方向。更麻煩的是，這種問題不是只有境外攻擊才有，連國內媒體都會自我製造。

平臺武器化

我們有社群網路媒體，臉書、Instagram、Twitter 等等網路媒體，基本上已經被武器化了。武器化的原因很簡單。如果我要對特定人丟特定的「敘事」、「偏頗標題」、「假新聞」等等，那我要先知道「你是一個怎麼樣的人」，才能做資訊攻擊。這個必須要藉助社群媒體的武器化。

武器化通常有三個要素。第一個是社群網路本身，另一個就是背後有邪惡的東西，這個邪惡的東西早期左派會說是大老闆、大企業，但現在可能是國家。再來就是工具跟服務，就是第三方公司（行銷公司，把人做分類的、蒐集資料的公司），它特別去蒐集這些平臺上面的資料，演算後交給特定族群，讓他們恣意運用。譬如手機一開啟定位功能，基本上就知道你今天在哪裡移動，可能早上去投票；或可能走到書店，只要看定位就知道書店今天辦了什麼演講。這些資料是不斷被蒐集的，你用 Google 地圖時，資訊就被 Google 蒐集。你可能很信任 Google，但天氣 App 呢？很多天氣 App 都是中國做的，看定位就知道你在哪裡移動，個資也就暴露了。這種災難是很恐怖的，舉例而言，有外遇從定位就可以知道：你週一到週五都是從公司到家裡，這週五卻從公司到汽車旅館。到旅館時有個手機定位跟你重疊在一起，而且還不是老婆的手機，根本不用大數據演算，就可以知道你有外遇。

這還算小事，行銷公司就算知道你有外遇，只會針對外遇者的傾向賣你商品。但今天如果是臺獨、港獨、藏獨人士呢？你是不是就有些弱點跟漏洞在他手上？如果是真的靠大數據演算，例如由中國中央操縱的中譯語通公司現在在全球蒐集的數據，以及其與阿里巴巴、華為的合作，後果更不堪設想。

追蹤網路行為／計算偏好／操縱投票行為

光是定位的軌跡就可以讓別人掌握你是什麼人，更不要說你的網路行為了。加拿大有個有名的色情網站 Pornhub，這個網站就很擅長分析網路行為。你可能有各式各樣的立場，但要很多因素計算才知道政治偏好，才知道怎麼操縱你的投票行為。不過，現在已經有很棒的方式測試你是哪一派：看你在色情網站上搜尋的關鍵字。如果你今天特別喜歡搜尋SM、BDSM、性暴力，或亂倫、外遇等，這些不同字詞可以對應到不同的政治傾向，準確率有八九成[2]，這已是近代政治學很著名的研究。因此，很多人透過App看A片，那些App通常不是從正常的應用程式商店來的，都要設定為同意它可以取得手機的特定權限才能下載，那些公司大都在北京：請問他們取得這些資料要做什麼？

根據這些資料，這些第三方公司在十年前可以把人分成七十種，最新版本則可以把人分成三千種。比如你可能屬於中產階級、週末會去聽演講等等，會有個類別去符合你，針對你這種人要怎麼做行銷，這些全部都有大數據。問題是這些大數據由誰掌握，然後誰可以購買？

我們來看俄羅斯怎麼做。它是最早開始把這些東西系統化的國家。中國的做法跟俄羅斯有不少相異之處，但中國畢竟是學習俄羅斯的，很值得我們參考。

俄羅斯侵略他國的方式

俄羅斯認為，對一個國家的進攻，軍事力量大概要占兩成，非軍事力量要占八成，四比一。非軍事力量乃服務於軍事力量。軍事力量到一定程度後只有威嚇作用，是全部事情都做完了才要打軍事。用資訊戰來講就是，前面都打完了，最後才會丟假訊息。軍事力量有時甚至還沒用就贏了，它的作用只在威嚇，非軍事力量甚至比較重要。

基本上，如果要對其他國家發動戰爭，裡面有些手段如：斷它的邦交國、經濟制裁、經濟誘因、散布謠言、打破金融市場等，有沒有很熟悉？這就是中國對我們做的事情，而裡面有種手段就叫訊息戰：以操縱大腦認知為中心的戰爭。

假消息只是訊息戰的一部分，只是大戰爭架構裡的一小塊裡面的的假新聞而已。這個議題異常複雜，而且還跨領域，基本上是軍事、科技、犯罪學、政治學和經濟學，尤其是行為經濟學跟社會心理學。

和平協議或者軍事併吞，就是這些戰爭的最後目的。俄羅斯就是用這樣的結構、模型和順序去侵略波羅的海三小國，烏克蘭和敘利亞則是現在進行式。臺灣要怎麼抵抗，需要學習烏克蘭，雖然他們的抵抗也不算太成功，但至少有點效果。

問題在於，到底訊息戰（資訊戰）長什麼樣子？要怎樣才能操縱大腦的認知？這個問題非常複雜，我這邊先介紹一些重點。

俄羅斯的資訊戰法：蒐集資料

俄羅斯的方式裡有個很重要的賽局叫反射性控制，它有很多層面，我講其中兩個。第一個層面指的是對於你反射性的控制。例如，臉書的介面是藍色的，但藍色有很多種，臉書進軍臺灣時就可以試著調配各種藍色，去測試臺灣人喜歡哪一種，做A／B測試，看哪種藍色比較容易被點擊，比較容易在臺灣散播。

這種事情其實一般企業都會做。譬如購物網站，輸入球鞋會出現很多圖，有些側的，有些正的，有些兩雙，有些只有一隻……那都是A／B測試，要看你這個人比較容易被什麼吸引，你喜歡哪種圖，哪種構成，角度，甚至是喜歡的描述文字，用這樣來計算偏好。

這麼做是為了未來做長輩圖或迷因。長輩圖就是廣為轉發時會讓你有反射性動作，一旦控制住這種反射性動作，後續要推最後一波假新聞時就很快。這個技術已經非常精細了，中國的阿里巴巴有個軟體「魯班」，可以生產幾億張Ａ／Ｂ測試圖片，然後再進一步做分析。這在現代早已不是天方夜譚。美國單一政治廣告在網路上可以同時有幾萬種版本，都是用這種方式做計算。

這幾年有個光棍節的購物節日在臺灣出現，幾個有中資背景的購物網在臺灣推這個購物節，就發散開了。每年的1111光棍節，就是大量蒐集購物偏好最好的時機，網站流量是平常的七倍，銷售量三倍。在這種狀況下，我們不斷把自己的偏好送出去，甚至連你在猶豫「這個好像不錯……但是不要」時的滑鼠移動軌跡，還有在商品圖片停留的長短全部記錄下來。

反射性控制：事實查核平臺反而可能助長假新聞熱度

第二個層次的反射性控制是針對政府對假新聞的反應。假新聞其中一招就是散播似真似假的消息。資訊戰如果放假新聞，最喜歡政府成立假新聞查核或澄清中心，因為先放出又真又假的假新聞，對方一定會澄清，這樣就有熱度。熱度本來是要靠買的，但因為政府澄清，自然有了熱度。接著再打烏賊戰，例如：「沒有錯，那個臺獨分子雖然沒有攻擊殺死六個人，但疑似有人受傷」，因為原本說有六個人死亡，然後政府回應「沒有，哪有什麼臺獨分子攻擊六個人死亡」，它說「沒有死亡但有重傷」，政府又出來澄清沒有重傷。像這種泥巴戰烏克蘭一年就發生三十幾次，政府一直出來澄清，結果就是大家覺得親烏分子可惡，放到臺灣就是臺獨分子可惡。因為政府一定要做反射性動作，他們就是用這種方式不斷增加熱度，讓它變成熱門新聞，讓大家對特定族群產生不好的刻板印象，這就是資訊戰的一環。

俄羅斯對美國也是做一樣的事，只是更深入。俄羅斯當時決定要干預美國選舉，目標是希望川普當選。當時俄羅斯有三棟大樓，好幾百個人坐在裡面做網路攻擊。同時設立網路研究局（Internet Research Agency），專門在干預他國選舉、他國輿情。這個局的流動率聽說蠻高的，在裡面工作很辛苦，就像 Google 有專人在搜尋猥褻圖片進行刪除，但會有心理創傷，大概是一樣的狀況。

干預選舉：選擇社會上容易產生對立的議題

如果俄羅斯決定要干預美國選舉，要支持某個特定對象，比如川普，要怎樣讓美國社會產生對立就很重要。有對立，才好操縱。當時俄羅斯做了民意調查，甚至還派了三個人到美國做田野調查，看什麼議題能裂解這個國家，產生對立。各式各樣的議題整理出來，發現同志議題、槍枝議題很容易對立，但還不夠，黑人議題引起的對立最強。退伍軍人有一點效果，但沒這麼厲害，於是他們一開始決定鎖定美國黑人。

如果是中國看臺灣，假設它要裂解民進黨，就一定要先看民進黨有哪些分裂的點。中研院這幾年來做的民進黨意見調查，挺同跟反同兩邊都增加，中間的減少。這個資料就告訴我們，同志議題就是臺灣的點，可以用來裂解。俄羅斯針對美國時，發現黑人議題可以下手，選擇鎖定黑人。當然中國的做法比較不是這樣，它是針對反同勢力灌注資金，做法比較粗糙。

俄羅斯怎麼做呢？他們成立美國的購物網站，美國人喜歡在沙發後面放一個大型圖片，俄羅斯藉由購物網站先計算黑人喜歡什麼顏色跟圖樣，什麼東西最能吸引他們，這是第一步。接著就根據這個來設計假的粉絲專頁跟臉書、Instagram、Twitter 帳號，都是使用他們計算出來的顏色。

目前所知，他們總共成立了七十六個假帳號，這些帳號要查出來也蠻快的，因為俄羅斯都直接付廣告費用。當中很多帳號都有百萬追蹤者。他們怎麼做呢？在美國影響比較大的是Instagram，但這邊以臉書為例，他們先把粉絲專頁弄出來，譬如美國黑人爆料公社，然後就專門上傳網友拍到的白人警察打黑人的影片，或白人歧視黑人的影片，第一時間就貼到網路上，這個一定有新聞性，是黑人被歧視最好的證據，於是吸引一堆人按讚轉發。目的是讓臉書上真實的粉絲專頁去轉發假粉絲專頁製造的東西，讓它們彼此之間產生連結。

他們在Instagram也做一樣的事。Instagram上很多人追蹤黑人NBA球星詹姆斯（LeBron James），他們花了很多力氣讓詹姆斯或其他名人關注他們所創的假帳號，還有裡面的相關新聞。然後名人可能就會轉發。大家應該聽過之前美國有個社會運動「黑人的命也是命」（Black Lives Matter）。這裡面有一堆其實是俄羅斯發起，非常高招。

創造同溫層、經營死忠社群

為什麼要跟很多真實帳號產生連結？因為如果我放一篇文章，散播可能就只在某個同溫層。如果要散播到更多同溫層，中間需要有重要節點，目標是跟那些節點有互相追蹤、互相信任跟轉發的關係。這樣發的東西才能透過同溫層再不斷轉出去，讓訊息極大化。這就是為什麼俄羅斯的假帳號都可以有百萬追蹤者。而俄羅斯早期最擅長的，是用 Twitter 來極大化觸及率。

帳號名稱就像是「黑人的命也是命」，這是當時他們做的空戰。持類似觀點的人會有些群聚現象，譬如說黑人偏左、黑人偏右，如果這兩邊你都想要，就需要中間的節點。他們有辦法滲入到偏左、偏右、偏人權、不偏人權的，形成廣大的粉絲模式，用訊息把黑人先包圍起來，讓他們喜歡這些粉專裡的東西，看到就轉發，每個都轉發好幾萬次，按讚都好幾百萬，當然，光是這樣做還不夠。

接下來就要進一步取得地面的信任。俄羅斯間諜開始蒐集全美各地成立的黑人熱線和同志熱線，然後粉絲專頁開始轉發資訊：「有鑑於種族歧視愈來愈嚴重，很多黑人有創傷，所以你若遭遇到這些事情請打電話給我們，我們可以轉發給社會局，讓你可以得到心理治療，獲得協助。」也就是進一步取得你的信任，連在地團體都納入宣傳。

當然，臺灣就不用花中國太多錢，因為有宮廟系統，直接把宮廟系統吃下來可能比成立團體有用。中國沒有鎖定臺灣同志，倒是因為臺灣宗教多，迷信程度高，所以把宮廟系統吃下來比較快，看統一促進黨跟宮廟的關係可以略知一二。

回到俄羅斯，他們還會做長輩圖，告訴大家需要協助可以打什麼電話，加強黑人或同志的凝聚力。他們甚至開始轉發工作資訊，譬如有哪些新工作機會？哪些企業對黑人比較友善？全部做成圖文到處轉發。身為黑人，當然超級喜歡這些粉絲專頁，不但講歧視問題，又講哪裡可以找工作，又可以抒發心情，怎樣都會相信它。

俄羅斯做這些事情整整做了三年。說真的，如果後面不是俄羅斯在搞鬼的話，以我這個人權團體參與者來看，它做得比我們還好。它完全就是在搞人權運動，花了很多錢幫助了很多人，但最終目的就是要干預選舉、破壞民主。

他們甚至連黑人小農種的東西也協助發訊息。黑人可能做了一些手作或種了什麼作物，他們會請內容寫手撰寫黑人可憐的故事，這些故事八〇%都是假的，但寫得很動人，請大家購買他們的產品。俄羅斯還成立了網路寫手的產業。他們比較辛苦的是，這很多都沒有外包，都是網路研究局的人在做。後期才開始跟馬其頓網軍合作，這個我們暫且不贅述。

中國不一樣，中國一開始就會外包，最可怕的是，他們外包給臺灣的公司，所以我們內部有沒有敵我意識非常重要。

進入封閉群體

再來是第三步。第一步是空戰，先把臉書粉專、Instagram 吃下來；再來陸戰，把心理支持、工作機會吃下來；接下來就是要進入封閉群體。美國多數人用 WhatsApp，臺灣大部分用 LINE，LINE 群組是封閉群體。平常你追蹤的粉絲專頁貼文你會轉發，但轉發也是轉發在臉書或是 Instagram，並沒有轉到群組。怎麼影響群組裡的人就很重要。這就是為什麼他們在後期兩年大量製造長輩圖，而長輩圖就是根據前面購物網站對大家偏好的計算。

一開始都發「早安德州」、「早安美國」這種長輩圖，絕不發跟政治有關的，然後再計算哪種圖在群組裡較容易被轉發。長輩圖要發散到群組前，會先到 reddit 大肆發散。reddit 是美國的公眾論壇，有點像臺灣的 DCard 或 PTT，他們在裡面創了很多帳號，專門把長輩圖從臉書跟 Instagram 轉到 reddit 上面，希望大家下載後在 WhatsApp 裡轉發。

假新聞的前置作業

再來進入到這四年操作的最後一年前期：開始攻擊主流媒體。美國有 CNN、

FOX，其中一定會報錯新聞，也一定會有假新聞。而要做假新聞之前一定要先攻擊別人做假新聞，因此俄羅斯就不斷攻擊CNN跟FOX都是做假新聞的媒體。他們會說「我不相信媒體，所以我自己來當媒體」、「主流媒體都是假的」。只要抓到假新聞就大肆播放，只有我們俄羅斯爆料公社第一時間拍的影片才是真的。

俄羅斯在烏克蘭就弄這一套，俄羅斯爆料公社的影片有一半都是假影片，但假影片很好做，你看到歐巴馬嘴巴在動都不一定是真的。他們攻擊主流媒體，告訴大家，只有我們粉絲專頁的第一手資料才是真的。這時一些圖文跟廣告都開始冒出來，如「在北韓，民眾都聽政府的話，在美國，民眾都看CNN」。先攻擊主流媒體，裂解大家對主流媒體的信任，這在戰術上很重要，因為之後開始做假新聞，媒體一定會出來澄清，但已經沒有人相信，澄清效果變成零，所以一定要先打擊主流媒體。

再來就開始測試，他們的粉絲專頁到底能動員多少人。譬如今天威斯康辛發生白人警察射殺黑人的事情，按讚二萬只有一個站出來顯然不行，所以一定要測試有沒有辦法把按讚轉為實際行動，不能萬人按讚一人到場。在這樣的狀況下他們竟然真的發起好幾次社會運動，去計算按讚率跟觸擊率，以及最後上街頭的比例有多少。可以因為粉專上的論述上街頭，才會因為粉專動員因而去投票或不投票。

等他們確定這些事情可以操縱後，最後三個月終於開始做假新聞了。假新聞假到什麼程度？像「希拉蕊已經死了，現在這個是複製人」，這條假新聞有百萬次轉發，當你前面四年被洗腦後，做這個就很容易。

假新聞進場

他們把希拉蕊相關的假新聞做成圖文，譬如希拉蕊自稱是女性主義者，但她都說女性是垃圾——她沒有講過，但澄清也沒用，還是百萬次轉發。就這樣不斷詆毀希拉蕊，讓她形象大受破壞。形象破壞後就開始做「我不投票」的圖。他們完全不去稱讚川普，因為以黑人權益的角度，稱讚川普的漏洞太大。他們不斷攻擊希拉蕊，最後做「我不要投票，你是不是也不要投票？」（I won't vote, will you?）這樣的圖。黑人大量轉發，造成黑人投票率非常低，根本不用他們投川普，只要不出來投希拉蕊就贏了。後來研究證明，黑人原本支持希拉蕊的群眾，只要相信了兩則以上重大假新聞，支持率從八七％降成一四％。

如果按照這個手法，中國應該去操縱同志團體，而且同志團體比反同團體小，所以成立組織然後鎖定同志團體，讓同志團體去轉發才是最危險、最可以影響同志的投票意向。但中國沒有這樣做，他們就是金錢對決，拿錢給反同勢力，這是很粗劣的手法，雖然在臺灣還是取得了一定程度的成功。

中國的資訊戰：大數據、人工智慧、走姿辨識

中國跟俄國的訊息戰其實有很多不同之處，以下概略介紹。

第一，中國官方已不把網路視為洪水猛獸，以前他們覺得網路很可怕，所以要控管，「人民不發出任何聲音才不會攻擊我」，這是過去的想法。現在不是了，反而是讓網路成為攻擊的工具。他們發現用網路攻擊更快。行銷學這十年來發展得太好，又因為有大數據，他們對監控人民變得很有技術。如果去臉書下載自己的完整資料，可以看到哪些廣告公司向你投廣告，有些還是會失準，因為大數據需要完整資料才能計算，但大企業受法令限制，無法把個資蒐集得那麼好，還要跟第三方買資料，才能猜測你是怎樣的人。但在中國取得個資不用實質同意，甚至人臉還要配車，因為車要實名，你開車經過紅綠燈時，監視器照下來，你的臉跟車還能做比對。更別說最近發展的社會信用系統。

還有，他們的走姿辨識已經發展完成。指紋跟臉部辨識還不是很準確，但走姿很準

確，人的走路姿勢不會改變。用走姿方式辨識，只要看到有人過馬路，就可以知道你是誰了。新疆怎麼做，他們看有沒有哪個人走得特別快，這個人是誰，兩個小時內馬上就去敲門，現在已經可以做到這個程度了。

中國如何用資訊科技控制新疆

現在新疆犯罪率是零，因為監控得很好。而且二〇一八年十月二十九日後，新疆有一段時間不准外國記者進入，之前還拍到新疆的機場有人體器官通道，地上貼著綠色箭頭。從空拍照去看，發現有六座建築物裡聚集很多人，問中國這是什麼，中國說那是學校，但怎麼看都不像學校，太熱太擠，而且四周有高塔，還有熱能，只有監獄才會這樣。

現在新疆關的人要超過納粹當時屠殺猶太人的人數了，集中營很有可能超過一百座。新疆現在的監控是無遠弗屆的，每一百公尺一個哨，一個哨是一個刑警配兩個民兵，連菜刀、車子都實名制，走路太快就表示你可能有問題，馬上就有人去敲門。

最早做這種事情的，其實是美國。最早是沃爾瑪（Walmart）在做。以前沒有走姿辨識，它是看每個員工工作的區域，用監視器去看，如果員工太常跨越區域，明明是食品區，怎麼常跑去DVD區，跑去找人聊天？你是不是要組工會？沃爾瑪是不准組工會的。只要懷疑你想組工會，主任馬上就把你叫過來問話。

中國其實也在做一樣的事，不過中國比起來還是可怕很多。中國目前大數據的計算非常精準、精細，然後維吾爾族語的人工智慧辨識也已經做出來了，他們用微信語音溝通，資料直接傳到北京，用電腦AI監控就可以把關鍵字抓出來，然後把人分成五個危險度等級，危險程度愈高可能就全家都抓到集中營。

所以當他們發現網路可以工具化，可以用大數據來計算時，就開始自己做。中國的AI發展得很好，目前他們的bot（robot的簡寫，機器人）占網路流量的五〇％，已經超過一半了。所以你在網路上看到的訊息，所謂的網軍、網路警察（每個省都有這個單位），人數根本就沒有大家想的多。當然「自乾五」很多。大家稱中國網軍為五毛，因為可以拿五毛錢，但那是平均數，其實沒有那麼少。自乾五就是自己想要成為五毛，自帶乾糧的五毛。自乾五會自己轉發，簡單講就是那些人也被武器化了，NBA事件也是這樣。社群網路的武器化，就是先透過一群人把社群網路武器化，再讓使用者也武器化，讓使用者成為跳板去攻擊別人，這是一個流程。

新的控管方式：透過 App 打分數

現在中國比較新的控管方式，是「學習強國」的手機 App，他們要求黨員跟公務員都要使用。「學習強國」裡有學習、積分、答題、活動，還有「我要吐槽」，聽說一點進去就會被認為是異議分子，因為你喜歡發表意見，竟然對政府有意見。「建議反饋」也是。裡面可以視訊會議、電話會議，還有雲端等等。

這種東西是用來計算個人分數的。他每天發布新聞，比如習近平引經據典描繪春天，然後看你有沒有讀這篇文章，你滑動多快多慢全記錄下來，全部看完就會得到分數。再來會給你考試，考完試又會有分數。

閱讀文章、觀看習近平講話影片、每週一答，做了之後會有積分，積分可以幹嘛？比如在春晚可以抽獎。還有積分排行榜。比如你的朋友二〇四〇分，忠貞愛國。

現在公安準備引進一種眼鏡，這在新疆、廣東已經有了，這種眼鏡就跟《七龍珠》的戰鬥力數值眼鏡一樣，一戴上去戰鬥力就跑出來了，他們戴上去可以看到兩個分數，你的信用分數以及愛國分數。

所以他可以知道你是怎樣的人。你的臉跟分數還有什麼都連在一起，你一進超市一刷臉，他就猜測你要買哪些東西，就建議你買什麼，如果猜錯了，你跟他說我沒有要買這個，這就是在回饋大數據，讓他算得更準確。人民覺得這很方便，計算就愈來愈精準。這種精準度是針對中國人民的。

你可能會覺得這是別國的事，但如果他們也對我們做這樣的事情呢？我們的購物網站如果跟中國合作，慢慢蒐集你的資料呢？就算它不蒐集，只要你下載的 App 有你的資料，背後不明的公司願意賣給中國就完了。

內容農場和 YouTube 的攻擊

等到精準的分類出現，內容農場攻擊就出現了。中國非常擅長複製新聞網站，並且大量改寫成偏頗標題。這些偏頗標題會只針對特定族群，目的就是塑造刻板印象，例如馬來西亞的網站，就大量地被中國網軍散布，甚至會有 YouTube 影片，例如蔡英文墮胎的假新聞，就有六種不同的 YouTube 版本，瀏覽次數加起來破兩百萬。諷刺的是，很多人沒看過這個影片。這就是資訊攻擊的威力：他只會把資訊丟給「有可能相信陰謀論的人」，或者「已經有刻板印象的人」。這種攻擊是不分藍綠，兩邊都有的。

對抗的方式

中國ＡＩ機器人不少，可能比俄羅斯還多，除了把流量導入特定的網頁，也可以讓特定資訊留在留言或社群媒體上，甚至把你導向特定的網站，因為網站有可能會釣魚，或把你當跳板攻擊別人。如果能把這個特定的網站找出來，看哪些機器人導向哪些網站，就可以把一些人救出來。這是一個做法。

趨勢科技的做法是去計算特定時間點，帳號活動的範圍跟時間，以密集程度去判斷是否為假帳號。DFRLab（數位鑑識實驗室）也在做類似的事情，可惜的是，這些分析多半針對Twitter，難以廣泛應用在其他平臺。當然，還是會有別的辦法，例如藉由公開來源情報（ＯＳＩＮＴ：Open-source intelligence）[3]，把網軍領導者（主要生產者）揪出來，就會全部裂解。這是中國的弱點，當然也是我們可以利用的。

這些東西要怎麼抵抗，個人當然很難，能好好保護自己就很不容易了，光是手機定位就有很多人開啟了。如果要國家來做，由誰來做呢？美國在二〇一八年六月開聽證會，因為中國對美國做一樣的事情。中國對美國做沒那麼有效，因為中國在美國操縱的不是自己的語言，但它操縱臺灣使用的是一樣的語言，這是臺灣的弱點。他們有所謂三寶，孔子學校、在地的華文報紙和在地團體，用這三寶去裂解美國。他們用智庫影響美國的決策，但畢竟語言不同，不好施力。

中國對臺灣施力非常容易。而美國所發生的臺灣也都在發生，而且只會更嚴重。臺灣有厲害的人才可以做，但要長官支持才行。政府要重視這個部分，公民社會也才有施力點。

俄羅斯和中國的差異

在此簡單說明俄羅斯跟中國的差異之處。一是目標差異。中國有時真的不知道自己在幹嘛，所以比較散亂，而且各部門不要說合作，甚至可說是彼此競爭。俄羅斯目標比較明確。俄羅斯是為了軍事力量，為了最後的出兵而服務，未必真的像對克里米亞一樣，但出兵一定是勝利，這只是最後手段。中國不一樣，中國的軍事和政治互為延伸，兩者一體。所以他們的軍事力量在整個大戰略中，跟政治無法完全分開。這是俄羅斯跟中國很大的差異。

另一個是語言上的差異，及民間合作的差異。俄羅斯較不傾向和那麼多民間合作，但中國有很多從黨延伸出來的民間單位，像光彩集團，以及更低階一點的，就是沒有關係但快要有關係的那群人。中國很講究關係，真的有關係的是太子黨，太子黨下面還有一群弱化版。這群人產生很多奇怪的民間單位，幫了中國政府非常多忙。我們要回擊時，不能只回擊這個國家，還要回擊他們底下的部隊。

還有個差異是，中國會針對教育領域下手。中國很喜歡滲透教育系統，認為這是長久之計。孔子學院是很好的例子，現在美國一直在裁撤孔子學院，澳洲也是。不過臺灣更慘，因為所有的臺灣學校都被當成孔子學院，更不要說一堆教授被滲透。

中國的做法，目前看來外交跟輿論是並重的，這點符合俄羅斯的模型，俄羅斯的模型一開始是用外交跟經濟來主導輿論，這三者是並行的，中國也是一樣。但在外交上，俄羅斯都是用反恐名義來支持滋事，中國對美國，或俄羅斯對美國，他們要支持滋事時都是用反恐當名義，但對臺灣並沒有用反恐當名義，所以基礎會比較弱。這是為何中國的資訊戰要另闢蹊徑。

再來是散播謠言、弱化心智，俄羅斯是打完輿論戰後才登陸。中國對臺灣是先由民間組織登陸才打輿論戰，這可能跟臺灣風土民情有關，統促黨和光彩集團等等深入到民間比較早。之前半島電視臺去拍，愛國同心會的人打電話給當地的分局長，請把這個地方的臺獨分子名單交出來。這是他們可以做的，更不用說招待里長之類的。招待大學生也已行之有年，全部都是民間組織鋪的路。除了洗腦之外，最重要的是收買地方菁英給予利益，如宮廟、里長、學校老師。

中國的地方滲透除了一般的經濟誘因之外，也常用宗教迷信跟直銷方式鞏固一群人，這群人以後在網路輿論戰就會很有用，這跟俄羅斯的手法有點反過來。再來是找出派系矛盾點，針對矛盾點製造假影像。這個中國目前還沒做到，但要防範於未然，因為俄羅斯對很多國家做過這樣的事情：他們在克里米亞公投前夕做假影片，內容是烏克蘭政府發言人出來說「克里米亞人去死」，雖然是假的，但來不及澄清，直接影響到克里米亞的公投。基本上他們都知道公投是最好利用的點，因為你光打輿論，就可以讓一個原本只有五%親俄的地方，突然增高成三〇%，資訊戰可以做到這種程度。

俄羅斯甚至還能侵入國防系統製作假命令，這也是中國目前還沒做的。例如APT（Advanced Persistent Threat，進階持續性滲透攻擊）網路攻擊，就是駭進你的手機跟電子郵件，做為跳板攻擊下一個人，這是個體攻擊方式，是為了在投票時下假命令，讓那個國家的政戰部門無法直接應對。因為有假命令，他們以為要跟著假命令，該應對時沒應對，失去時機，俄羅斯就占據話語權了。就這點而言，中國還沒有以這種模型進攻。

如何反制：行動剛領、代理人法、迅速應變、公開來源情報、媒體識讀、從源頭處理

美國對中國統戰部會使用的手段做過整理，前面大致都有介紹到，如果要有集體抵抗意識，要先能快速讓民眾知道中國最可能做什麼事。人民有基本意識後才不會被影響，而且對方每次行動我們都要有應急措施，要是我們認為對方可能會發動這個，結果他們也真的發動了，我們就按照標準程序予以回擊。

二〇一八年不管是東亞運主辦權被取消，還是斷交，每個月都有一次統戰事件，所以每個月有沒有應對措施就很重要，要讓他們覺得做這種事情是有成本的。因為現在中國的錢變得很少，讓他們提高成本變得很重要。他搞個斷交，你的回應可以是中華郵政改成臺灣郵政。要找出二十幾個對策，標準流程都要列出來，這是我們對統戰能做的事：建立自己的行動綱領。

如果只針對如何保護自己，第一個至少不要讓自己的個資洩漏，變成讓中國大數據

更精準的變因；再來，追金流和訊息流很重要，這需要法律做配套，但我們還沒有做到。這就是《境外勢力影響透明法》（外國代理人法）重要的地方，法律過了，才有追查的可能性，否則沒有任何效用。

行政方面，首先要能二十四小時應變；再來要認真蒐集、分析公開來源情報；同時要加強媒體識讀教育，這是最重要的，如果媒體識讀的能力很好，三十年以後大家就可以抵抗了，但可能到時候國家已經沒了。不過說真的，會受到中國或俄羅斯資訊戰影響的國家到處都是，美國也是，並不是臺灣人特別笨。很多人認為臺灣人容易被操縱，但這是資訊接收偏差的問題，基本能力大家都有，但如果資訊偏差，按照行為經濟學，再怎麼聰明的人都會被牽著鼻子走。人本來就有認知偏誤，本來就喜歡印證自己喜歡聽的東西。這是人性，因此重點是怎麼去導正資訊偏差。

如果想消除資訊偏差的操作，有兩個可行的做法。第一是先打法律戰，就是去找伺服器，去找臉書、Instagram，在伺服器端把特定內容擋下來，也就是不用辨析訊息真假，而是看來源。最快的是查到金流來源，然後發律師函，或尋求合作，讓臉書或LINE 知道問題，使特定境外勢力內容不能出現在平臺。

再來就像 Billingcat[4]，或是 DFRLab，他們運用公開來源情報進行分析，直接把證據找出來，交給法律團隊。怎麼分析呢？用節點分析或時間點分析，去計算哪些是機器人帳號。

如果要用軟體快速檢測假帳號，第一個看照片。俄羅斯的模式跟中國一樣，他們假帳號的大頭照一定不是真的。首先要用軟體去檢查，看照片是不是用修圖軟體變造。然後用另一個軟體進行擷取比對，可以看出背景圖是在哪裡拍的，這樣就能看到照片是從網路上隨便抓的，因為他們需要大量製作假帳號。計算出來後開始看帳號裡的內容，發現他的朋友跟他立場都相反。為什麼？前面我們看到左派跟右派的黑人中間有個節點，中間這個節點一定要建立，打擊面才會廣。

既然他們會利用節點，我們就要找出節點。找出來後兩邊帳號比對，發現他們活動時間都一樣，或有人不睡覺，有時睡三個月，兩邊立場又完全不同。這都是目前臉書跟Twitter認可，用來證明假帳號的技術。還有如顯示名稱，什麼用大寫、什麼用小寫；兩個帳號一個十月一日創立，一個十月二日創立，這都是很明顯的證據。另外，他們從不用手機版，twitter怎麼可能不用手機版，但他們全都用電腦版，因為可能要用VPN（虛擬私人網路），要跳板，所以都用電腦版操作，二十四小時掛在那裡，這完全不符合一般人的操作模式。

再來就是電子郵件帳號構成模式。他們會大量申請類似的電子郵件，藉此大量申請社群媒體假帳號。一個處理方法是，連內容都不看，直接把帳號砍掉，這就可以讓特定網站不易出現在社群媒體。因為他們會讓流量導向特定的網站，然後那個網站就會有一些容易轉發的東西，還有粉絲專頁，全部都是靠這樣的方式連結過去。

這是用組織的方式去檢舉，讓特定的內容在某個層級被擋下來的方式。當然，如果要真的有效，其實國家單位出面迎擊是最快的，比如政戰的心戰部隊可以做很多事情，積極主動攻擊中國可能是最好的方式。因為你打回去對方才會有成本，這是很重要的事情。

個人可以如何反制？

除了保護自己之外，個人層面能做什麼？一種是像美國社會，用金錢對決，你可以洗腦。問題出在我們好像沒這麼有錢，例如光是帶輿論搞不好就要四十萬美金，我們根本沒有錢跟別人打這場戰爭。在他們已經滲透好的平臺打，也會輸，更不要說有些平臺就是他們建立的，像抖音、微信等等。絕對不要安裝抖音，上面影片再可愛都不要裝。

抖音最可怕的就是十五秒內讓你吸收資訊，這是資訊戰最喜歡的，可以快速操縱你對事情的看法。這跟中國當時找軟寫手來臺灣建立網站一樣，先建立寵物網站，之後再轉發比如政黨的負面新聞，等到你看到：「啊這個怎麼是政治？刪掉！」你已經看到新聞標題，資訊已經進到你腦袋了。

烏克蘭的抵抗：讓大家知道處於戰爭模式

烏克蘭最重要的方式，就是透過電視節目加上YouTube，把戰爭的模式向民眾講得非常清楚，而且每週都有。他們的訂閱人數愈來愈多，搶先一步把對方在賽局或資訊戰可能做的步驟列出來，先讓大家知道我們已經處於戰爭模式。原則上，不管是瑞士或美國在選舉完所做的評估，都認為臺灣已經進入戰爭模式，但我們抵抗戰爭的能力是零。他們如果出兵，我們陸軍空軍當然可以抵抗，大概可以抵抗個三、四天，但他們出兵攻打臺灣的成本非常高，所以他們最希望的是，如果讓輿論先行，用公投就可以解決的話，那就不用出兵了，這點做法跟俄羅斯其實很類似。

如果輿論先行，大家不打仗就投降，這是最可怕的事情。我們身邊有很多人很想投降，我以前覺得怎麼可能，後來發現有很多人真的會選擇投降，讓人覺得非常悲哀。如果有影片可以讓大家知道這件事情的嚴重程度，對方可能一步步怎麼做，敵我意識建立起來，或許就有抵抗的可能性。但如何讓民眾一看就知道臺灣已經陷入戰爭狀態，戰爭發生在哪裡，還有嚴重程度如何，其實要花很多時間。這本來就是一個非常複雜的東西，要怎麼簡化，我也還在學習。我希望，五年之內把這些防禦網全部建起來，我們也已經成立了組織在做，希望大家能多多支持。

（本文根據二〇一九年三月十六日於彰化紅絲線書店的講座內容濃縮改寫而成）

沈伯洋

加州大學爾灣分校犯罪與法律社會學博士。現為臺北大學犯罪學研究所助理教授、不當黨產處理委員會兼任委員、臺灣人權促進會副會長、臺灣民主實驗室理事長。

注釋

1 當然，還有另外一種型態是社會重大事件，會直接出現假新聞。這種攻擊每年都有，但不是大戰略規劃的一部分。

2 如果是自由派，就有可能會挺同婚，挺同婚的人較喜歡看性暴力跟SM。如果是反同派，特別喜歡看亂倫，還有外遇、多P。你愈信奉的價值，就是心中的禁忌，性快感通常都是碰觸禁忌而生。假設我反同，表示我很信奉傳統價值，看到衝破禁忌的東西特別容易得到性快感。

3 意指從公開可用的訊息所產生，定期進行蒐集、萃取和供應，以滿足特定的情報需求。

4 調查性新聞網站，專門研究事實檢查和公開情報來源。由英國記者希金斯（Eliot Higgins）所創。

【訪談】吳怡農

投資於不對稱作戰所需的創新人才

小說《拉合爾茶館的陌生人》中，主角青年從普林斯頓大學畢業，到安德伍參孫企業評估公司求職。這裡給畢業生的底薪超過八萬美金，在這當個兩、三年分析師，就一定能進哈佛商學院。所以普林斯頓當屆過百個學生投履歷，只有八個人進入面試，包括他。讀者可以想見這家虛構公司影射的對象：麥肯錫顧問公司、高盛、雷曼兄弟、摩根史坦利。面試時，副總裁讓他用五十分鐘推銷自己，然後舉出一家公司要他評估價值。這家公司很簡單，只提供一種服務：瞬間旅行。你走進它的紐約總站，馬上會在倫敦的總站現身，就像《星艦迷航記》裡的運輸機。

青年冷靜下來，問這種技術門檻高不高、是否可靠、是否安全，然後問大環境如何，有沒有競爭者，主管機關會做些什麼，有沒有供應商是不可或缺的。他問成本開支，至於收益方面，他拿協和超音速噴射機當成旅行時間減半能獲得的溢價、市場需求的例子，再估計把旅行時間減到零時，溢價和需求還會增加多少。藉此預估利潤，再折算成目前的淨價，青年說：「二十三億。」

「顧客對這種東西的接納度，你預設得太高了。你願意踏進這樣的機器、讓自己消失於無形，然後在幾千里之外再重新組合起來嗎？顧客花錢請安德伍參孫，正是要我們看穿這些虛假的狗屁。」但是副總裁錄取了他試用，因為他的評估方法正確。

如同暢銷書《如何移動富士山？》描述微軟要求面試者評估全球共有多少位鋼琴調音師、或是如何移動富士山；經濟學家、企業購併、股價、企業諮詢等分析師，為無可估價之事估價的方法，就是忽略過多的不確定因素，就既定的觀察架構，把關鍵表現量化，綜合數據，產製期望值。然而最重要的是，找出最關鍵的問題。

競選立委期間，吳怡農以這種簡單俐落的MBA思維風格，贏得多場演講的聽眾愛戴。討論國防時，他將國軍當成一家企業看待，任務是以小搏大，以創新／不對稱迎擊對手企業的攻勢。

三十九歲的吳怡農，從耶魯大學經濟學系畢業，服務高盛集團十年，三十三歲時回臺服役於陸軍特戰。退伍後曾創辦網媒《壯闊臺灣》，針對國防政策提出擲地有聲的評論分析，發起「新世代安全論壇」網站編譯各國的國防報告、報導、發表深度專論，亦曾在國安會擔任專門委員。在《壯闊臺灣》當中的一篇調查報導〈國防採購中，百億元的浪費〉揭發了臺灣軍事工業合作的重大問題：政府原想透過與國外軍火商的重大採購案要求將尖端技術移轉給臺灣廠商，以扶植國內產業；結果在臺灣廠商拿原有採購案搭便車下，每年虛擲國庫數十億，難有所穫，報導的論證扎實完整。此外，針對國防問題，吳怡農也做了不少田野調查，包括採訪軍校生瞭解軍校教育。

民進黨徵召他參選二〇二〇年臺北市中山、北松山的立法委員後，在民生東路他的競選總部辦公室裡，忙碌的十多位員工都在四十歲以下，看起來像一間科技新創企業、多於像競選辦事處。受訪時，吳怡農問，年輕人為什麼會有亡國感？他認為，臺灣並不弱小，中國也沒有那麼強大，年輕人應該最樂觀期待未來，最抱持希望，為什麼反而悲觀？

吳怡農表示，國民黨的兩岸、國防政策為何一心求和，因為他們的邏輯是「既然注定會被統一，與其將來迫不得已接受，乾脆先來談統一能換取什麼好處」。吳怡農定義亡國感為「對現狀的危機意識」，因為民眾對政府缺乏信心，不確定政府是否在做對的事。例如馬英九政府簽署ECFA（兩岸經濟合作架構協議）、開放陸客、推動服貿協議，導致民眾疑懼：原本民主應該建立在理性溝通信任上，但這件事好像不見了。民眾感到本身意願和作為無法影響政府，前景不可控制、環境難以逆料，充滿危機。要重建民眾信心，振興國防是當務之急。

提升國防實力的第一步：投資優秀人才

吳怡農對國防的願景，就是避免遭受侵略：維持和平，不要戰爭。方法是建立實質戰力，構成有說服力的嚇阻，讓對手每天都決定「今天不打你，改天好了」。假如對手一時失去理性，想要來挑釁，臺灣也要有一定的能力保護自己的生活方式。這是大家都能認同的國防願景，最核心的任務。

因為國防戰略理當一直在變，所以不該拿出僵固的教條說「這就是我們未來的國防戰略」。國防是動態博弈過程，就像企業一樣。為什麼企業戰略一直在變？因為對手一直在變。今天對手推出新的產品，顧客都跑到對手那邊去，那麼企業就要出招化解對方的競爭力，用新產品把優勢拉回來。對手在這區域開了一家新門市，那麼你也要思考是否開新門市迎戰。可口可樂和百事可樂的競爭就是如此，對手的動作影響己方如何應敵。政論節目名嘴常有個迷思，說「我們需要一百架F16或是一百架F35戰機，要不然我們就亡國了」，這種論述很奇怪，不符合邏輯。

那麼國防到底要怎麼辦？吳怡農說自己在演講中常提到，關鍵在於對人才的投資，國軍需要好的教育、好的訓練。為什麼？因為要在千變萬化的環境中做出好的決定。今天臺灣需要戰機，明天可能不需要戰機，這需要獨立思考的領導者、和受過訓練的人才，在不斷改變、充滿突發狀況的戰場上，做出對的判斷、決定。敵人不是永遠從前面來，如果從左邊來，那麼國軍要怎麼反應？所需要的，一是決策能力，一是戰術、打仗的能力，有了這兩種能力，不管情勢怎麼變，吳怡農相信，我們都能應付。

不對稱作戰的真實意義：用合乎成本效益的方式建置軍備

除了對人的投資，吳怡農提倡的另一個概念是不對稱作戰。在馬英九執政時期，不對稱作戰的具體實踐就是口號「小而精，小而強」，從來沒人問過馬英九這是什麼意思。吳怡農說這很奇怪，彷彿國軍愈小就愈不對稱，愈小愈好，兵力和對岸落差愈大愈好。於是馬英九執政八年就不斷裁軍。國防部出版的《國防報告書》，任務通常列在第一頁，實際上在第四、五十頁才出現。那麼中間這麼多頁在談什麼？既然沒有任務（mission），怎麼會有策略可談？國防的任務是什麼，馬英九時期，在二〇一三年的QDR（四年期國防總檢討）還將協助救災等無關國家生存的事項列為國軍中心任務。任務就是國防的核心目標，三軍所有業務安排都必須為達到這項目標而努力。如果任務這麼不清楚，可想而知，所有預算的分配，時間的分配，訓練的分配——資源的配置——不可能排出合理的優先順序。

既然對手在變，軍事科技也不斷改進，不對稱作戰的概念，是要用符合成本效益的方式打仗，因為國家資源有限。

二〇一九年國防預算三千五百八十億，占政府總預算二．一〇二兆的一七%。加上退輔會一千二百八十三億，占總預算六%。加上非營業特種基金的特別預算占二%，可說國防相關支出大約占國家總預算將近二五%。如果一個家庭將收入的四分之一都投注在保全上，那是蠻大的負擔。二五%是相當大的預算，反映國防的需求之高。但資源有限，還要支應教育、長照、福利等需求。所以要用最有效、符合成本效益的方式做事。

吳怡農分析，國防不同於教育之處，在於有個競爭對手：我做什麼都會影響對手，對手做什麼都會影響我。所以投資不符合成本效益的時候，我可能要花很高的成本去解決他替我創造的問題，這不是很聰明的做法。二〇一九年中國的國防預算依照官方數據是一萬一千八百九十九億人民幣，臺灣是三千四百零五億新臺幣，中國軍費已經是臺灣的十五倍多。[1] 如果臺灣的布局要對敵人構成有說服力的嚇阻，那麼比預算已經未戰先輸。所以，中共花一百塊建置的東西，臺灣應該要只花五塊錢就抵消它。

這是不對稱背後的精神，不是愈小愈好。吳怡農舉例；比如對手花一億美元買一架F35戰機，但你在戰場上打裂飛行員的座艙罩，那麼一顆子彈只要花多少錢？我用一顆子彈可以抵消你花一億建置的優勢，這跟大小無關。

又比如對手把坦克裝甲車開過來，但我不用花同樣成本買一輛裝甲車開到它面前，反而是破壞敵人裝甲車的履帶，既然開不動也就沒有效益了。

不對稱就是創新，用創意解決問題，國防的核心概念是解決問題。吳怡農說，雖然我不是將領退伍，但各領域都是同樣的思維：利用創意，降低你的成本，提高對手的成本。

例如一九九五年大選前，臺海飛彈危機。那時美國派了兩隊航空母艦戰鬥群到附近的海域。這個舉動對中國當然構成有說服力的嚇阻，怎麼解決問題？中國用不對稱方式解決。因為一艘航空母艦上有幾千人，愈大的船動得愈慢，等於海上有一棟大樓、光轉個彎就要花很久時間，所以在敵人領海移動得很慢。為此中共積極在陸海空軍之外組建火箭部隊。飛彈相對於航空母艦的成本很低，藉由科技的進展，中共以低成本建置了數千顆。試想中國一顆飛彈，上面不載人，可擊沉美國載運幾千人的航空母艦，所以美國不敢靠得太近。這是中國的不對稱作戰。

至於臺灣的兵力結構，也需要考慮資源有限。臺灣若有兩千萬人大軍，嚇阻敵人當然會更有效。但是臺灣就僅僅兩千三百萬人口，沒有那麼多資源，所以需要建立可隨時動員的後備軍力。吳怡農指出，作戰會消耗相當大的社會資源，但突發狀況又需要極大人力，如果我是這間公司的經營者，需要人時得要把人生出來，什麼時候需要則不知道，無法預測何時颱風、地震，或是中共犯臺。所以後備軍人制度要建立起來，隨時動員。

軍中不合理人事結構的可能成因

吳怡農檢視過軍中人事結構，說國防部現行將校尉兵各階級員額的比例，不是金字塔形，而是接近長矩形，中上層的編制偏高。反觀不管是以色列、新加坡，任何做得還不錯的地方，人力都是金字塔形，這表示軍中有競爭壓力。假如這屆士兵只有二〇%升得上去，那麼軍人的工作是什麼？是成為那二〇%，得做事、要訓練，必須有所表現才能升遷。如果編制上預計八〇、九〇%只要不出事都可以升遷，那麼軍人的工作反而是避免成為無法升遷的那一〇、二〇%，少做少錯，不要訓練，因為訓練一定會有人受傷。軍人有家小要養，要是認真訓練結果被投訴，妨礙升遷，反而不划算，就這樣培養出怕事的管理文化。

為什麼會產生不合理的人力結構？因為一九九三年國軍四十九萬餘人，裁軍到二〇一四年精粹案將國軍編制裁減到二十一萬五千人，但至今國軍實際人數只有十多萬人，卻沒有更精簡管理層。另一原因是，因為在軍中無法有所作為，所以現在軍隊募不到人。如果今天環境好，大家擠破頭都要來。招募困難說明現在士氣有多低，如果現在長官不讓你做事、不讓你發言，這會狠狠損耗一個服役二十年軍人的戰鬥意志，讓他徹底疲乏。這種軍中環境不會讓人才覺得自己受到栽培。

演習頻率並不等於作戰實力

另一個負擔是旁務過多。例如軍事演習，一場演習籌劃兩個月，這樣一年六分之一的時間就沒了。二〇一七年光是三軍聯合演習，就有漢光演習、聯勇操演、聯興操演、聯雲操演、聯信操演、聯翔操演六場。業務多到部屬被行政作業壓死，其實所有的公務機關都遇到相同問題，因為舊有管理方式有太多的公文、施行細則，讓部屬無暇從事原本的業務。演習雖多，但國防部不會去刪演習，因循舊規，「去年有做、今年為何不做」，不鼓勵改變現狀。

演習多，也因為國軍除此以外沒有很多表現機會。基層升遷缺乏競爭，但高層的升遷卻存在高度競爭。演習同樣讓將領有露出的機會給總統看，可以直接報告總統，眼前這一架是什麼戰機。同時給媒體看，給社會看，呈現國軍最好的一面，表示我在這裡，我有做事。但有沒有解決對岸軍事挑戰？這是兩回事。

而士兵的士氣則相反，愈演習愈差。因為演習的科目和項目，對士兵沒有意義。例如全民國防教育營區開放活動，海巡特勤隊出場演練戰技，或是陸軍特種作戰指揮部戰技隊表演格鬥戰技：表演功夫，飛來飛去、徒手殲滅歹徒、歹徒哀嚎，投媒體所好、有畫面有視覺效果，皆大歡喜，但是消耗士氣。

軍中很多例行業務，公文、演習都在消耗基層的能量，這對年輕人來說，很讓人灰心失望。原本懷抱雄心壯志的人會想退伍，而留下來的人不會想改變現狀。並不是說演習沒用，而是現狀出了些問題。所以立委應該質詢演習是否符合效益，挑戰預算花在哪裡，訓練時程的優先順序，有沒有解決解放軍現在給我們製造的挑戰。

為軍校生提供優質的通識與人文課程

談到對人的投資，首先軍校是培養下一代軍官的搖籃，培養國防需要的人才。如果期待軍中領導人做出與前不同的思考判斷，那麼政府要提供符合這種期待的教育品質。

吳怡農強調，幾十年來沒聽人談到軍校生的權益，但這卻很重要，而且也不多花什麼錢。現在的軍隊跟社會其實已經脫鉤，未來需要什麼樣的軍官？需要跟社會接軌的人，一個什麼都懂一點的人，有同理心的人。他主張，軍校生應該享有優質的通識課程。因為軍官不只要領導部隊，還要領導社會各階層，包括來自各個社群的後備軍人，所以軍官必須能跟社會大眾對話，成為社會的一分子。軍校生應有跟臺大一樣、甚至比臺大更好的人文素養課程，以及更多更豐富的領導課程。因為軍校以外的學生可能一輩子都不需要領導別人，但軍校生畢業後一下部隊就要領導別人。國防就是靠這群人，要操縱昂貴的機器，做出對的準備，保護國家安全，所以他們的教育跟臺大、政大一樣重要。

吳怡農以企業管理的角度分析，軍校只有四千多名學生，卻分散在七所軍事校院，陸軍官校一屆兩百人，海軍官校一屆不到一百人。這麼少人可以開幾門課，可以辦多少課外活動、開多少社團、負擔多少圖書館預算、操場可以幾年維修一次？其實即使沒有讀ＭＢＡ，也能推測這種教育環境長得什麼樣子。

吳怡農經由訪談軍校生、軍校幹部得知，因為學生這麼少，更不要說招生人數逐年大幅下滑，很多課也開不成。現行教育投資太分散，缺乏規模，導致教育品質無法令人滿意。有些學生失望，中途申請退校，但長官拒絕簽字。因為退校人數如果太多，長官會被檢討。長官既然不能硬性禁止退校，遂用行政手段柔性慰留，推說「先送回去，你再想一想」拖延幾天；不斷輔導學生「一時挫折要撐過去，不要放棄」；或是用「家裡有經濟壓力」來說服學生。因為從軍除了保家衛國的抱負，軍校生每月還可領約一萬五千元。讓十七、十八歲學生承受不當壓力，這都不是他們該面對的選擇。既然是公立學校，又知道學生入學可能受經濟壓力影響，那麼更應該提供基本品質的教育。「師資很重要，剛好臺灣也有許多退休教師，」吳怡農笑稱：「家父（中研院社會學學者吳乃德）也是，該抓去教課，學者也有義務保家衛國。」

二〇〇三年國防部長湯曜明曾試圖推動「軍事院校整併計畫」，卻無疾而終。國防醫學院除外的六所軍校合併為一校也才三千多人，每屆不到一千人，但至少不擔心課開不了。阻礙在於六校有六位校長，未來若想合併，需要智慧，例如妥協接受合併在一個校區，但保留六位校長的職缺，不影響升遷，用五年、十年過渡。吳怡農表明改革的態度是「做對的事情，但不因此傷害你」。

但如果合併是為了砍將軍缺，又另當別論。因為陸軍軍官學校的校長是陸軍，海軍軍官學校的校長是海軍，空軍航空技術學院的校長是空軍……那麼合併後該由誰當校長？所以領導很重要，推動者要告訴社會這一步為何重要。「凡事都有方法，只是要不要去做。」吳怡農說：「我覺得這是最重要的。」

由外部推動軍方改革

問到軍中官僚文化即使政黨輪替仍然不變，吳怡農回答，我們知道，改革都會有阻力：領導者都是在舊有的體制內升遷上來的；如果體制有問題，那他要如何解釋他的領導？這本來就會有衝突。不是國軍的問題，任何組織都是這樣。但如果這個問題夠重要，我們就要去面對。

吳怡農解釋，這是他覺得立法院可以多加施力的地方。因為行政院、立法院本來就是互相監督，立法院的工作除了監督，還有就是叫行政院動作快一點，立委有權調閱資料、質詢、督促，內部溝通、領導、公共溝通、說服社會大眾相信這個法案是重要的，帶動輿論支持。

改革怎麼做？吳怡農坦蕩回答：不就是去做嗎？正因為很難從內部去改革，所以才要從外部推動。在國軍裡面的每一個人都知道制度不好、文化不好，可是都覺得自己是機器裡面的一個小螺絲，沒辦法改變事情。如果外面有一股力量，讓軍人感受這是為他著想，想要做事，那麼他會願意配合。

面對亡國感，吳怡農表現了建構在軍事「有說服力的嚇阻」上的安全感，人們亟需這種信任與心理資源。群眾救亡圖存的焦慮，其實正是改革與翻轉的契機。

（採訪撰文：盧郁佳）

吳怡農

耶魯大學經濟系畢。曾任國安會專門委員、行政院院長室參議、臺灣戰略評估協會理事、陸軍特種作戰指揮部、高盛集團執行董事、約克資產管理副總裁。

注釋

1 依據今日匯率一人民幣＝四・三八七新臺幣，換算為五二、二〇〇・九一二九億新臺幣。

廖偉棠

但問雪意如何？

——關於亡國感的一些文本隨感

年輕人們常愛念叨的「亡國感」，於我偏是無感。要是怕亡國你就直說，奮起相抗。何來那麼碎碎唸的「感」？

但若果非要我同感，我想這應該與「雪意」相近，曾在北方過冬的人會知道，大雪將至，天地肅殺，灰藍粒子凝重，死寂至極，直到你聽到第一粒雪落下的瑟瑟。此乃「雪意」。

我第一次看見「雪意」二字，是在民初詩人卞之琳那首最晦澀的〈距離的組織〉的最後一句：

想獨上高樓讀一遍《羅馬衰亡史》，
忽有羅馬滅亡星出現在報上。
報紙落。地圖開，因想起遠人的囑咐。
寄來的風景也暮色蒼茫了。
（醒來天欲暮，無聊，一訪友人吧。）
灰色的天。灰色的海。灰色的路。
哪兒了？我又不會向燈下驗一把土。

忽聽得一千重門外有自己的名字。
好累呵！我的盆舟沒有人戲弄嗎？
友人帶來了雪意和五點鐘。

最後一句呼應第一句，這是我當下重看才明白的。「羅馬衰亡史」與「羅馬滅亡星」赫然在目，讀作者注知道：羅馬滅亡星「指當時發現的一顆新星，其一千五百年前的光芒今日始傳至地球，回推其光芒爆發時實為西羅馬帝國滅亡之時。」詩的寫作時間是一九三五年，七七事變前兩年，卞之琳的亡國感，也許比當時民國大多數人強烈。

然而詩人用雪意帶過，一場大雪比一個抽象的朝代更替更為可感。這一下子，讓人追溯他一千年前的前輩。「國破山河在，城春草木深」，杜甫的名句。

詩人逢戰亂、逢亡國，是經常的事，「國家不幸詩家幸」雖然刻薄，卻說出了時代對創造力的催迫之功。但是古代哀嘆改朝換代者多矣，極其罕見「國破山河在，城春草木深」這樣的無政府主義超然態度，尤其還出自一個一直被視為儒教典範的「愛國」詩人杜甫身上。也許這是第一次有詩文提醒我們：國不等於朝廷，不等於政府。

何謂山河在？在杜甫詩中忽焉在前忽焉在後的，那些巍巍乎搖曳生姿的山川風物，它們明晰光透玲瓏，包容著歷史上的迷魂人物，彷彿給了這些伶仃於天地之間的人一個大安慰。想通了，國家不外乎山河人物，也許就能超越亡國感，具體到這大地上的每一個細節去愛「國」。

關於亡國，古人比我們熟悉很多，比如說兩宋之亡。我嘗讀《靖康稗史箋證》，其中引古書《甕中人語》記述靖康恥甚詳。但我關注的問題沒有得到解答：北宋二帝被囚金國時，有被允許畫畫嗎？金國國主不是知道他們是大藝術家嗎？為什麼沒有那個時期的畫流傳下來？如果是故意禁止他倆作畫——那真是比殺他們還殘忍。

據史料，二帝禁錮後期還好，不是傳說中那種坐井觀天，是一個貧寒小城主的待遇，所以我才有疑問會不會可能有機會作畫。在我看來，北宋非亡於靖康，而亡於二帝停止畫畫那一刻。

不，這是詩人的說法，換一種歷史宿命論的說法吧。一一〇四年七月十日，宋徽宗按照蔡京的提議，將司馬光為首的反對王安石變法者共三百零九人重定黨籍，刻石於朝堂，即「元祐黨人碑」，這是北宋亡國之兆嗎？二〇一五年的同一天，七月十日，中國大舉搜捕維權律師，這又是一兆。亡國感，不會只是「弱國」獨有的。

滅宋者，蒙古。改稱中國元朝，屬於漢人意淫自己大一統的歷史裡面最極端的一例，當然也是強極一時。可是有幾人研究它亡後的「北元史」？北元留下的最後一筆記載是：地保奴，北元後主脫古思帖木兒的次子。一三八八年春，明將藍玉在捕魚兒海大敗北元軍，脫古思帖木兒等逃走，餘眾包括次子地保奴等全被俘虜。明太祖賜給地保奴等鈔幣供給他的生活。有人說藍玉和脫古思帖木兒的后妃私通，明太祖大怒，后妃慚懼自殺。地保奴口出怨言，被明朝遠遷到琉球國安置。

北人南遷，莫過於此，蒙古人又有沒有亡國感？這是漢人特有的嗎？

而明朝又如何？明末、南明的亡國感當然是滿滿的。不說多少遺民詩、桃花扇、帝女花……我曾於香港藝術館看至樂樓藏明末清初書畫展，觀至函罡和尚與鄺露等殉明者字，一時風雨之氣滿室。函罡字云：「惜暗夜籠月，停光晝薄雲。」

此乃「月意」，虛無甚於雪意。再推演下去就是清代龔自珍「萬馬齊喑究可哀」、周樹人「萬家墨面沒蒿萊」的「夜意」了，但龔自珍畢竟還有「九州生氣恃風雷」，周樹人畢竟還有「敢有歌聲動地哀」，明亡之月，寂寂而停，晝夜同昏，是真正的絕望淪亡。讀《狩緬紀事》、《明末滇南紀略》、《安龍逸史》、《皇明末造錄》等南明書，因其絕望，特別鍛鍊我們對亡國感的免疫力。

關於亡國感的極致書寫，近世有七個字讀來悲憤交集——「一寸山河一寸血」，遙想那時耗幾百萬人也奪不回幾寸土地，但拖延了亡國的鐵蹄，我雖然不是大中華主義者，也為這人性的不屈而動容。

與之相比，我想起幾年前的一篇王郁琦祭中山陵文，我對孫文評價不高（王郁琦更不用說），那段文字當然也多是空泛濫調，只是聊可慰英魂與南京遺民（如果有的話）。「偉哉國父，領導革命，民國肇建，青天初現。白日當空，光耀神州，年祚永續，薪傳綿延。三民主義，五權憲法，方略大綱，以民為本。寶島臺灣，一本初衷，繼志述事，紹承履踐。」關鍵詞是「年祚永續」和「一本初衷」，不知代筆者誰，這兩句裡面包含了非常複雜的情緒：有骨氣，有委屈，但初衷二字可圈可點——中華雖然已經不再了，但「以民為本」的「民國」，可以說在它創立近百年後才在臺灣名副其實了。或者可以說：臺灣——被超越的民國。

其實要說亡國感，余光中他們那一輩更有資格說，從花果飄零到遺民自決，他們每個人都做出了自己對「故國」的闡釋，有的孤忠於海外，有的求新聲於異邦，有的半推半就最後面北而朝，有的一身蕭索然而身在國在……我最敬佩余英時先生，他可以說，但偏不說「亡國」二字。

流寓寶島之後，我雖不是那一代遺民，卻漸漸懂得不少遺民心結。二〇一八年我做了一個大膽的實驗，嘗試去寫一個最沒有詩意的人物，從他身上探尋中國的悲劇，他就是蔣介石。一年前嘗寫〈聞政大蔣中正銅像遷華興育幼院有感〉，是我寫關於他的組詩裡最客氣最溫婉的一首，如下：

據說孩子到六歲會第一次丟失自己的魂魄，其實不是，有的人把魂魄留在了育幼院，有的人隨身攜帶，漸漸稀薄。

有時你聽見銅像吹口哨，並不需要別人叫他一聲校長，而是問：瑞元，蟋蟀呢？那隻中國的蟋蟀呢？

「弗受繩尺」的頑童，殺人五十年，七十歲才學會坐下，一百歲再受繩尺，一百二十歲得自由。看銅的深處、草的深處，郎騎竹馬來。

一匹全中國都不存在的竹馬呀，一個不存在的中國。

這一個不存在的中國，到底是陰影還是源泉？幾年前，我在香港為它寫過最後一首告別之詩，〈東澳古道，或東涌哀歌〉，關於我家附近的建於宋代的古道：

……拾蜆者仍依此道往返
往返於擊壞的那個中國
與伸出珠港澳大橋的那個中國
我們在山頂眺望
那些富貴且鹹溼的事物把我們陸沉
厓山之後，我們在此埋下中國
我們使用宋體和明體寫詩
在路側、石上
全然不顧路牌上的英文和拼音
它們繪製地圖而我們繪製道路本身
即使像一群無家的鷹
出發就不知歸路
最後我們來到大澳
想像伶仃洋，每一朵陳舊的浪、
新鮮的浪，是否也如我們

擷花而無處祭奠……

假如已經亡國，當好遺民就是我們的義務，遺民可以是逸民，也可以是義民——小如蟻，也是有義之蟲。因此使用宋體、明體，而不是字母拼音，也算是負隅頑抗；而今年竟然揭竿而起，有眼前路，不問身後身，這才真正超越「亡國」二字的咒詛。

而回到臺灣，我倒是喜歡年輕人用諧音「芒果乾」去解構亡國感的沉重。熱帶水果有熱帶的憂鬱，多少能陪葬我等中年人的一身雪意吧？雪意之後，當然是大雪暴雪，最後送給大家逸民詩人木心的一句詩：「我是一個在黑暗中大雪紛飛的人哪」，雪總是在夜到了最黑最黑的時候才怒然狂下，閃爍如亂刀，砍進寂寂大地裡，準備著明年春天的涓滴。亡國感如緩刑，理應提醒我們越獄的可能性。

廖偉棠

七〇年代出生，詩人、作家、攝影師。著有詩集《野蠻夜歌》、《春盞》、《櫻桃與金剛》、散文集《有情枝》、《衣錦夜行》、評論集《異托邦指南》以及小說集、攝影集等二十餘本。

國家圖書館出版品預行編目 (CIP) 資料

亡國感的逆襲：臺灣的機會在哪裡 / 失敗者聯盟、春山出版編輯部 主編 -- 初版 . -- 臺北市：春山出版 , 2019.11
面； 公分 . --（春山之聲；11）
ISBN 978-986-98042-5-7（平裝）
1. 臺灣政治 2. 文集

573.07 108017514

春山之聲 011

亡國感的逆襲

——臺灣的機會在哪裡

共同策劃	失敗者聯盟、春山出版編輯部
總編輯	莊瑞琳
責任編輯	夏君佩
編輯協力	吳崢鴻
行銷企畫	甘彩蓉
封面設計	陳永忻
內文排版	極翔企業有限公司
出版	春山出版有限公司
	地址 116 臺北市文山區羅斯福路六段 297 號 10 樓
	電話 （02）2931-8171
	傳真 （02）8663-8233
總經銷	時報文化出版企業股份有限公司
	電話 （02）29066842
	地址 桃園市龜山區萬壽路二段 351 號
製版	瑞豐電腦製版印刷股份有限公司

初版 二〇一九年十一月
定價 三八〇元

填寫本書線上回函

本書為春山出版與國立臺北藝術大學牛奔電視計畫合作

All Voices from the Island

島嶼湧現的聲音